VIE PUBLIQUE ET VIE PRIVÉE

DU MÊME AUTEUR
CHEZ *POCKET*

FRANCESCO ALBERONI

VIE PUBLIQUE
ET
VIE PRIVÉE

ÉDITIONS RAMSAY

Traduit de l'italien
par Raymonde Coudert

ISBN 2-266-09799-7

I

DÉFAUTS ET QUALITÉS DU COUPLE ET DE L'AMOUR

1

CRÉDITEURS ET DÉBITEURS

Il est des personnes qui se sentent continuellement en dette vis-à-vis des autres. Et il en est, au contraire, qui croient bénéficier d'un crédit permanent auprès de leurs semblables. Même si elles sont généreuses, même si elles se donnent du mal, si elles se dépensent, les premières ne peuvent se débarrasser d'un certain malaise ; un doute persiste au fond d'elles-mêmes : elles n'en ont pas assez fait. Elles pensent aux autres ; elles s'identifient à leurs problèmes ; elles devinent leurs désirs, leurs revendications, l'urgence de leur demande, et elles les prennent en charge. Pour elles, s'occuper de soi-même est tout bonnement égoïste. C'est ainsi que, les besoins de ceux qui les entourent étant sans limite et leurs propres capacités nécessairement limitées, elles finissent par se sentir en dette, en permanence.

Les tenants de la seconde catégorie, en revanche, estiment que personne ne s'occupe véritablement de leurs désirs. À leurs yeux, les autres sont des égoïstes absorbés par leurs propres problèmes, incapables de faire preuve de justice et de générosité à leur égard. Ils ont une conscience très vive de leurs droits, se sentent injustement traités et, pour cette raison même, pensent devoir bénéficier d'un crédit permanent auprès des autres. Et si ces derniers font quelque chose (pour eux), ils le considèrent comme un dû, toujours au-dessous de ce qu'ils mériteraient d'obtenir. À leurs yeux, leur crédit est inépuisable.

Ces deux cas sont des cas extrêmes. Chacun de nous peut néanmoins se reconnaître (ou reconnaître des proches) à un moment de sa vie, sous les traits de l'éternel débiteur ou de l'éternel créditeur. Les enfants sont, en général, des créditeurs auprès de leurs parents. Ce qui est parfaitement logique dans la mesure où ils vivent dans leur dépendance. Le comportement de créditeur, de la part de l'enfant, est un signe de santé psychique, car il a besoin de recevoir pour vivre, et doit apprendre à demander. Les parents ont, vis-à-vis de leurs enfants, de réels devoirs et sont tenus de prendre en charge leurs besoins. C'est pourquoi ils s'inquiètent, sont souvent anxieux à leur sujet, et se sentent en dette lorsqu'ils les négligent. Jusque-là, tout est normal. Ce qui ne l'est pas, c'est que, une fois parvenus à l'âge adulte, les enfants persistent dans l'attitude d'attente qui était la leur lorsqu'ils étaient enfants ou adolescents. Même vieux et malades, leurs parents ne font jamais assez pour eux. Ces enfants-là restent des éternels créditeurs. Et leurs parents se transforment en éternels débiteurs, veillant continuellement à ne pas les perturber, mais sont continuellement accusés de ne pas faire assez pour eux, continuellement coupables.

Le contraire peut se produire, bien sûr. Certains parents parviennent à « esclavagiser » leur fils et, surtout, leur fille. Ils font sans cesse appel à son aide ; ils se sentent mal si elle s'éloigne. Ils exercent sur elle un chantage psychologique constant jusqu'à ce qu'elle se sente débitrice à leur égard et ne puisse rien faire pour elle-même sans éprouver de culpabilité.

Les rapports de couple, eux non plus, ne sont pas exempts de ce mécanisme, et des hommes, comme des femmes, réussissent à mettre leur partenaire dans la situation de l'éternel débiteur. L'homme qui travaille fera, par exemple, sans répit sentir à sa femme son infériorité économique, lui reprochera de dépenser sans rien gagner. De même, nombreuses sont les femmes qui, convaincues d'être frustrées de leurs droits, font en sorte que l'homme se sente incapable, insatiable, égoïste, et donc toujours en dette vis-à-vis d'elles.

Les idéologies, elles aussi, jouent à mettre leur adversaire dans la position de l'éternel débiteur. Le capitalisme calviniste voit dans la richesse et dans le succès un signe de la bienveillance divine. Les Américains admirent le riche et méprisent le pauvre ; et ce dernier est dénoncé comme l'éternel débiteur. Le marxisme s'oppose frontalement à cet état de fait et donne à ses adeptes le sentiment qu'ils ont des droits illimités. Quoi que fasse le capitaliste, quelque richesse qu'il parvienne à produire et à distribuer, il sera toujours débiteur aux yeux d'un marxiste. Le mouvement féministe reproche, de même, aux hommes d'avoir exproprié les femmes de leur monde, et leur donne le droit de revendiquer pour elles-mêmes.

Le droit de demander, le droit d'être créditeur, d'acculer l'autre à la position de celui qui doit donner, au rôle de débiteur, vient en prime à l'idéologie du combat. Dans le rapport entre l'éternel débiteur et l'éternel créditeur, le premier l'emporte, domine, rive l'autre à une situation d'impuissance. Et, de la même façon, la dette et le crédit s'insèrent dans la logique du pouvoir, en tout point identique à la logique économique dans laquelle le débiteur est à la merci du créditeur.

Il s'agit là d'une supériorité au niveau économique et idéologique, au niveau du pouvoir, de la prise d'avantages et de dominations, du chantage et de l'abus de pouvoir. Mais qui dispose de la supériorité sur le plan moral ?

Le créditeur ou le débiteur? Il ne fait pas de toute que, du point de vue moral, la vertu est du côté du débiteur. De celui qui donne, et qui ayant donné, a l'impression de ne jamais avoir assez donné. L'éternel créditeur, fort de ses droits, convaincu que les autres lui doivent quelque chose, convaincu qu'ils ne font jamais assez, nous apparaît comme mesquin et égoïste. Sur le plan moral, celui qui se sent égoïste ne l'est pas ; le véritable égoïste est celui qui perçoit les autres comme des égoïstes, celui qui passe son temps à se lamenter sur la méchanceté de ceux qui ne lui donnent pas assez.

La morale inverse purement et simplement la règle du pouvoir, de l'économie et de la domination. Car l'altruisme, la générosité et l'amour pleinement vécus sont sans mesure, et ne sont jamais assez. Celui qui aime aura toujours l'impression qu'il n'a pas fait assez pour celle qu'il aime. Celui qui aime n'a rien à demander, mais seulement à donner. Il est un débiteur permanent, par définition. Le généreux aura donc toujours l'impression qu'il aurait pu faire davantage. Le résultat paradoxal est le suivant : sur le plan moral, il n'existe pas de voie moyenne pour le débiteur ou le créditeur. Si le généreux commence à penser qu'il a trop donné, s'il attend que l'autre lui rende quelque chose, il cesse d'être généreux et passe dans la catégorie des créditeurs. Et de même, l'amoureux qui commence à se demander ce que l'autre lui donne, ou s'il fait une bonne affaire en aimant, cesse d'aimer et devient un créditeur rancunier. La morale ne tolère pas le mélange entre générosité et égoïsme, entre désintéressement et avidité.

Et si, sur le plan idéologique, sur le plan de l'argent et du pouvoir, l'éternel créditeur l'emporte, seul l'éternel débiteur est au point de vue de la morale vertueux.

2

OPPRESSION

Lorsque nous tentons d'étudier ou d'expliquer le comportement de nos semblables, nous partons de l'hypothèse que chacun cherche à améliorer sa propre condition et celle de ses proches. Si nous parlons avec les gens, nous n'entendons jamais dire : « Je préfère que les choses aillent mal. » La mère souhaite que son enfant travaille bien à l'école, la femme que son mari fasse carrière et gagne davantage d'argent, le mari que sa femme fasse bonne figure.

Mais en est-il toujours ainsi ? Rien n'est moins sûr. Et nous en avons la preuve éclatante lorsque se déchaînent l'envie, la vengeance, la rancœur, où chacun sait, à coup sûr, qu'il veut du mal à l'autre. On est conscient de sa haine, de son désir de nuire à ses ennemis. On accepte de souffrir pourvu que l'on puisse frapper l'autre. Dans *Ran*, le film de Kurosawa, la princesse avoue qu'elle a voulu la destruction des trois royaumes par vengeance, et elle jette son aveu à la face des généraux, horrifiés. Tout se déroule sous le signe de la haine et de la destruction. La découverte de tels mécanismes dans des relations qui devraient ne relever que de l'attention, de la sympathie et de l'amour est inquiétante. Prenons le cas d'une mère dont le comportement est tel que son enfant rencontre des difficultés à l'école. Elle est convaincue de ne pas le désirer mais son attitude indique une préoccupation antagoniste. Tout en l'aimant, elle craint qu'il ne grandisse trop vite, qu'il ne devienne autonome trop tôt. Ainsi a-t-elle tendance à critiquer le maître, comme s'il était un rival. Et l'enfant, découragé, est mauvais en classe. Dans d'autres situations, la mère multipliera les soins envers son enfant. Le considérant comme un être fragile, elle le gardera souvent à la maison, il prendra ainsi du retard par rapport à ses camarades et aura besoin du soutien de sa mère.

Dans sa forme possessive, l'amour — en tant que peur d'être abandonné — veut le bien de l'autre mais, souvent, il fait son malheur. Il est plus important d'observer ce que fait une personne que d'écouter ce qu'elle dit. C'est dans les comportements et dans leurs résultats que s'inscrivent les véritables désirs.

On le repère facilement dans le cas de l'homme amoureux de sa femme et, pour cette raison même, désireux de l'avoir toute à lui. Il entend qu'elle reste à la maison, dans sa dépendance. Il est angoissé si elle obtient un quelconque succès professionnel ou si elle gagne autant que lui. Dans notre culture on a appris à l'homme à être le pilier, le principal soutien familial, le seul représentant de la famille dans le système professionnel. C'est pourquoi il trouve mille prétextes pour entraver l'émancipation de la femme. Émancipé signifie libre, autosuffisant, capable de choisir ce qui convient, et de refuser ce qui ne convient plus pour soi. L'homme, lui, veut rester le privilégié, l'admiré ; il a peur de la liberté, aussi a-t-il recours au pouvoir et à la domination.

Certaines femmes utilisent le même subterfuge. Lorsque les choses vont mal, lorsque l'homme est totalement absorbé par son travail, il n'a pas le temps de penser à autre chose. Il n'a pas le temps de voyager, de rencontrer d'autres personnes, de faire des comparaisons. Toute son énergie est concentrée sur le problème de la subsistance. Il rentre chez lui, épuisé, et se met au lit. Ce qui manque singulièrement d'attrait érotique mais qui, en même temps, est rassurant pour la femme. Dans cette situation, c'est lui qui a besoin d'elle. Il ne peut remettre en question leur rapport. S'il réussissait, donc était libre, il pourrait mesurer le vide qui s'est creusé entre sa femme et lui. Il ne s'agit pas ici d'un pouvoir de domination, d'une supériorité affirmée, mais de la volonté, de la part de la femme, de garder les choses en main, de retenir l'autre prisonnier.

Les trois cas évoqués ci-dessus mettent en jeu une même forme d'amour : un amour qui craint de voir son objet grandir, devenir autonome, un amour qui se méfie de la vitalité de son objet, de sa capacité à faire des choix qui lui soient bénéfiques à lui. Celui qui aime de cette façon considère ainsi celui qui est aimé comme un être faible, sans défense, stupide, et se considère lui comme quelqu'un de fort, de solide et d'intelligent. Pour justifier les limites qu'elle impose à son enfant, pour le garder sous sa dépendance, la mère doit se convaincre qu'il est fragile et qu'elle est meilleure que son maître, son médecin et ses professeurs. Le mari qui refuse que sa femme travaille pour la garder sous sa domination a besoin de se convaincre qu'elle est incapable d'affronter le monde, tandis que lui seul en a le pouvoir.

Un lent processus de distorsion et de falsification se met en place, dans lequel l'individu cesse de douter de lui et reporte toutes ses craintes sur l'autre, jusqu'à lui communiquer ses propres inquiétudes, jusqu'à le convaincre qu'il est un incapable et doit s'en remettre à lui pour être aidé et sauvé. Cette sorte de gens ne veulent ni changer ni s'améliorer. Ils emploient toute leur énergie à ajuster les autres à ce qu'ils sont. Ils se considèrent comme le pivot, l'étalon, la mesure de toute chose.

Nous pouvons donc comprendre pourquoi, dans de tels cas, les choses « vont mal ». Et pourquoi ce genre de personnes est incapable du moindre changement, de la moindre amélioration. L'amour créatif est comme la vie qui doit continuellement s'adapter au monde. Dans l'amour créatif, celui qui aime cherche avant tout à s'améliorer. Il ne gaspille pas son énergie à contraindre les autres à se modeler à son image.

L'amour créatif ne craint pas l'énergie vitale, ni la sienne ni celle de l'être aimé. Il ne l'empêche pas de se développer. Il fait même en sorte de l'y aider, de viser des buts progressivement plus élevés. L'amour créatif se nourrit de la liberté et veut la liberté autour de lui. Il affronte le monde avec intelligence et aide les autres à faire de même. Ce n'est pas par des mots, mais par des actes qu'il fait en sorte que les choses ne tournent pas mal.

3

IL EST FACILE DE FAIRE LE MAL

C'est une journée comme les autres, à la campagne. Une jeune fille va vers le fleuve à bicyclette. Elle attend son amoureux en se faisant dorer au soleil. Un homme est là qui l'épie, la convoite, la désire. Il s'approche et lui fait des avances. La jeune fille les repousse. L'homme veut la forcer. Elle saisit une pierre et le frappe. Il l'étrangle. C'est un fait divers : les radios et les journaux en ont parlé. Il n'y a rien de plus simple et, en même temps, rien de plus stupéfiant. Stupéfiant parce que tuer quelqu'un est d'une extrême gravité. Simple parce que faire le mal est toujours d'une déconcertante simplicité.

Il y a, dans notre approche du mal, une erreur de perspective. Nous le traitons comme s'il était une anomalie, une exception, quelque chose de difficile. Or, le mal est facile, comme le découvre Freud, dès les débuts de la psychanalyse, lorsqu'il démontre que la formation du moi et de la conscience ne survient que si le sujet renonce à la satisfaction immédiate de ses pulsions. Et il le confirmera plus tard, en avançant que la civilisation est le produit de la répression du principe de plaisir.

Nous ne pouvons nous empêcher de nous demander ce qui pousse telle personne à mentir, à tromper, à duper, à tuer. La terrible réponse est celle-ci : elle agit ainsi car, pour elle, c'était là la solution la plus simple, la plus facile, la plus commode.

Nous avons tendance à associer le mal à la complication, l'astuce, l'intelligence. Nous devrions, au contraire et avant tout, le penser comme fruit de l'impulsivité, de la lâcheté, de la paresse. L'homme avide ne pense qu'à lui. Il a l'esprit étroit. Il est incapable de comprendre les autres, de s'identifier à eux.

On reconnaît au premier coup d'œil une personne avide. Dans un train, par exemple, elle décharge ses bagages sur votre tête et s'approprie tout l'espace. Elle ne demande pas. Elle prend. Elle exige. Le menteur agit de même. Par facilité. Il raconte ce qui lui convient, à un moment donné. Ses personnages sont aussi nombreux que ses mensonges. Il n'espère qu'une chose : que ses inventions ne seront pas découvertes.

Il est, en revanche, difficile de faire le bien. Il ne suffit pas de s'abandonner à une pulsion soudaine ; le bien suppose qu'on reconnaisse l'autre, qu'on reconnaisse ses désirs et ses besoins, qu'on veuille le prendre en charge, qu'on envisage les conséquences de ses actes, et que l'on s'en sente responsable. Il ne suffit pas qu'une mère embrasse son enfant. Encore faut-il qu'elle l'habille, qu'elle le nourrisse et qu'elle en prenne soin. Elle doit veiller sur lui continuellement et, en même temps, refréner son avidité de mère, le laisser se développer, libre et autonome.

Le courage, l'altruisme, la modestie, la générosité sont contraires à nos impulsions premières. Même si ces qualités sont le fruit d'un mouvement spontané comme la pitié, ou d'un désir immédiat de justice, elles doivent perdurer pour être réellement positives. Le courageux doit être courageux en toute occasion. Et le juste doit être juste en toute occasion. Il ne peut décider de le devenir demain, ou seulement le week-end. Ces qualités doivent être mises en œuvre dès que l'événement les appelle. Il suffit d'une seconde d'inattention pour les annuler. La générosité la plus grande peut être empoisonnée par une pulsion égoïste, la modestie peut se transformer en complaisance vis-à-vis de soi-même et devenir orgueil. Le fait est que les qualités, toutes les qualités, réclament une constante vigilance, un esprit critique jamais en défaut, un travail continuel de l'intelligence et du cœur.

Il est facile de faire le mal. Comme il est facile de le révérer. Les hommes se sont toujours prosternés devant les prédateurs, les pillards, les conquérants. De nos jours, on s'incline devant le succès, on admire le financier retors, le politicien sans scrupules. Le bien, au contraire, a toujours été difficile, a toujours été méprisé par ceux qui s'étaient emparés du pouvoir par le biais d'abus scandaleux. Il en allait ainsi dans le passé et il en est toujours ainsi aujourd'hui.

4

ENVIE

L'envie est le sentiment éprouvé par celui qui, du bas, regarde vers le haut. Ne pouvant atteindre son modèle, l'envieux se doit de le dévaluer, de le souiller, de le détruire. En cela, l'envie est de la même famille que l'admiration et l'émulation. Dans le film *Amadeus*, le compositeur italien Salieri est fasciné par le jeune Mozart ; il reconnaît son génie mais il ne peut s'empêcher de le haïr, au point de souhaiter sa mort.

L'envie est un sentiment particulièrement fort dans les relations sociales, publiques, professionnelles, dans les relations dont l'enjeu est le succès. Elle est en général d'autant plus puissante et malveillante que l'envié est proche de l'envieux, c'est-à-dire lorsque l'envieux peut se demander : pourquoi lui et pas moi ? Pourquoi cette injustice ? Ainsi l'homme politique enviera tel homme de son propre parti, le compositeur un autre compositeur, l'écrivain un écrivain, le journaliste un journaliste, l'ingénieur un ingénieur qui réussira mieux que lui.

Tout le monde reconnaît cet aspect public de l'envie. Il suffit d'être intégré dans une structure professionnelle pour s'apercevoir que l'envie est une réalité, qu'on en parle ouvertement et qu'on la reconnaît comme telle, même au prix d'une légère honte. « Ne t'en fais pas ! C'est de l'envie ! » Voilà ce que l'on entend. Il est, en revanche, beaucoup plus difficile de déceler le mécanisme de l'envie dans les relations privées, et en particulier dans un couple. L'envie est là, présente, mais elle se manifeste d'une façon plus sournoise ; elle se cache, honteuse ; le simple fait d'en parler est tabou.

C'est particulièrement évident dans les cas où la femme remporte des succès, gagne plus que son mari, est plus connue. Depuis des milliers d'années, dans nos sociétés, l'homme est censé être le chef de famille ; il la dirige et procure une large part de ce dont elle a besoin pour subsister ; il la défend contre le danger. De tels modèles culturels ne sauraient disparaître en une seule génération. Il suffit de regarder les jouets des petits garçons et des petites filles, non seulement en Italie, mais aussi dans les pays de l'Europe du Nord et aux États-Unis.

Par ailleurs, les clichés érotiques féminins sont encore, et surtout, de type traditionnel. Les filles sont folles des chanteurs à la mode, non seulement pour leurs chansons, mais en raison de leur succès. Et plus tard dans leur vie, lorsqu'elles font carrière, lorsqu'elles deviennent des patrons, lorsqu'elles ont un métier, elles recherchent chez les hommes la force d'âme, le goût du combat, en même temps que la gentillesse et le raffinement. Il existe un terme désormais quelque peu usé pour définir cette fascination, c'est le terme de charisme. Il désignait autrefois la prédilection divine, l'appel de l'élu.

Souvent, de crainte d'être dépassé, l'homme cherche à dissuader la femme de s'engager dans une carrière masculine. Il sous-estime ses forces, il met l'accent sur ses failles, il met en évidence les aspects négatifs, les dangers, la vanité de la vie professionnelle. Et il attribue le succès des femmes non pas à leurs qualités mais à l'appui que leur ont donné des hommes, maris ou amants. À ses yeux, la femme ne peut réussir que grâce au soutien familial ou à la prostitution.

L'homme transforme parfois ces fantasmes en autant de soupçons, et devient jaloux. Mais la jalousie n'est alors qu'un écran à la compétition. La femme est perçue comme un adversaire à combattre, et l'homme s'épuise à tenter de reconquérir le terrain perdu, jusqu'à ce que ces efforts vains tournent à la haine, et au désir de détruire l'objet qu'il ne parvient pas à atteindre.

Il existe encore un autre type d'envie dans le couple, plus sournois et apparemment injustifiable. On le confond souvent avec la frustration, la déception ou la jalousie due à l'infidélité. Ce phénomène se produit lorsqu'un homme — ou une femme — d'origine modeste parvient à épouser une célébrité adulée, estimée de tous, une célébrité qu'il — ou elle — adorait et idolâtrait dès le départ. Le mécanisme est identique pour les deux sexes mais on l'observe plus fréquemment chez les femmes, dans la mesure où les vedettes sont le plus souvent des hommes.

Tout d'abord, la femme est stupéfiée par la chance qui s'offre à elle ; elle est heureuse de se sentir l'élue parmi la foule anonyme des autres admiratrices. Elle sait qu'elle suscite de l'envie mais, au fond, elle en est satisfaite ; elle ne s'en préoccupe pas : tout son temps est absorbé par l'adoration de son idole.

Mais avec le temps, mangeant à la même table, dormant dans le même lit, portant des vêtements de prix, roulant dans de somptueuses voitures et habitant de luxueuses maisons, jouissant des mêmes privilèges que lui et du respect dont il est entouré, elle pense qu'elle est (comme) lui. Quand elle n'était rien c'était un dieu, mais à présent, elle se sent monter avec lui vers l'Olympe. Puis, en le voyant accomplir les actes les plus banals, elle découvre en lui un homme comme les autres, qui a peur, qui fait des compromis, qui n'est pas le créateur de tout autour de lui mais qui, souvent, se borne à donner un ordre aux apports d'autrui. Et elle se demande pourquoi il devrait être le seul à être adoré. Quelle différence y a-t-il entre eux, au fond ? D'où le ressentiment et l'envie qui l'induisent à se montrer envahissante, à se mettre à sa place, à parler en son nom. Au point qu'il est obligé de refouler ses intrusions, d'empêcher qu'on n'en vienne à confondre leurs personnalités.

Ainsi devient-elle jalouse et voit-elle des rivales en chaque femme. Impuissante à s'élever à son niveau, elle veut le rabaisser au sien. Elle traque ses faiblesses, ses défauts, ses petites mesquineries, ses petits vices. Elle les grossit, elle s'en repaît, elle en parle, elle attend qu'on les lui confirme et, peu à peu, elle ne parvient plus à voir les qualités que les autres continuent à prêter à son idole. Il est injuste, à ses yeux, qu'un homme comme tout le monde, et même plus mesquin qu'elle-même (elle est bien placée pour le savoir !), doive être l'objet de tant de compliments. En justicière, elle va passer son temps à en détruire le mythe et à en dénoncer les bassesses.

De telles situations n'évoquent généralement pas l'envie. On pense, au contraire, que l'homme a fait du tort à la femme, qu'il l'a trompée ou, simplement, négligée au profit de son métier. L'envie se dissimule soigneusement derrière les plaintes, les rancœurs et, surtout, derrière la jalousie. Le cas est fréquent dans de nombreux couples. Il arrive qu'un mari ne supporte pas de voir sa femme admirée, briller en société et recevoir des compliments. Là encore, souvent, on parle de jalousie. Il ne s'agit pas de jalousie : il s'agit d'envie. On voit des femmes « jalouses » du travail de leur mari, de son succès, de ses voyages, de sa situation d'homme reconnu : là encore, il ne s'agit pas de jalousie mais d'envie. Ce ne sont pas les rivales qui présentent un danger, mais la possibilité de perdre l'amour du mari. La jalousie naît de l'amour, pas l'envie, totalement étrangère à ce sentiment. Que l'autre s'élève un peu, on veut le rabaisser ou, si c'est impossible, le détruire. L'envie n'est autre qu'une manifestation de la haine.

5

MANIPULATION

Ce qui m'a frappé, dans le débat récent sur le divorce et les divorcés, c'est la tendance des gens à se ranger en deux camps, à prendre le parti des hommes ou celui des femmes, à être contre les uns ou contre les autres. Comme dans un combat politique ou dans un procès. Comme si, d'un côté, pouvaient se trouver tous les torts et, de l'autre, toute la raison. En réalité, si l'on observe le comportement des hommes et des femmes, on ne peut manquer d'observer que générosité et cupidité coexistent, comme sont mêlés altruisme et égoïsme.

Il existe, bien entendu, des différences selon les sexes. Je me suis efforcé de le mettre en évidence dans mon précédent travail sur l'érotisme*. Mais les mécanismes de base de l'amour sont identiques, de même que les instruments de l'oppression et de la manipulation ne sont souvent que des variantes d'un type unique.

Dans le couple, la manipulation est plus fréquente que nous ne voulons bien l'admettre. Dans certains cas, à observer les choses de l'extérieur, il semble que les conjoints passent leur temps à s'opprimer à tour de

* Éditions Ramsay, 1987.

rôle. Arrêtons-nous un instant sur ce sujet. Quel est le mécanisme qui est à la base de la manipulation agressive, qui permet de dérouter l'autre, de lui faire perdre confiance en lui, de le rendre hésitant, incertain, et de devenir ainsi l'arbitre de ses pensées ?

Il s'est écoulé un siècle depuis que Pavlov a réussi à engendrer chez les chiens de graves névroses en utilisant un procédé similaire. Il les habituait d'abord à attendre leur pâtée lorsqu'on leur montrait un cercle ; si on leur désignait une ellipse, ils recevaient une légère décharge électrique. Une fois établis les réflexes conditionnés — positif à la vue du cercle, et négatif à la vue de l'ellipse —, Pavlov étirait le cercle et réduisait l'ellipse jusqu'à les faire presque se confondre. Incapables de différencier ces deux figures, les animaux devenaient fous, et plusieurs mois étaient nécessaires pour obtenir leur guérison.

Certains mécanismes à l'œuvre dans le couple produisent des effets analogues ; ils ne sont pas identiques chez l'homme et chez la femme, mais sont régis par le même principe. L'homme qui, en général, gagne l'argent de la famille ou, du moins, constitue l'apport économique principal, place sa femme dans une situation d'infériorité, soit en l'empêchant de travailler, soit en rabaissant son travail. Il la traite comme si elle était une enfant, incapable de jugements autonomes. Il n'est pas agressif ; au contraire, il est même très gentil, mais, chaque fois qu'elle achète quelque chose, il juge qu'elle s'est fait duper, qu'elle aurait dû être plus attentive, qu'elle s'est laissé influencer.

Parfois, pour miner sa confiance en elle, il critique son passé. Il découvre dans le comportement de ses parents, ou de ses amis, quelque chose de bizarre, de trouble ou de stupide. Il blâme l'éducation qu'elle a reçue, et y voit l'origine des erreurs qu'elle commet. Ce n'est pas de sa faute mais, si elle achète un vêtement, la couleur ne lui va pas. Lorsqu'elle fait les courses, elle fait des dépenses inutiles ou néglige d'acheter ce qui serait nécessaire. La maison n'est jamais tout à fait en ordre, la nourriture laisse toujours à désirer : elle manque de sel.

En revanche, les amis qu'il choisit, les objets qu'ils acquièrent ensemble, la voiture qu'il a sélectionnée, les vacances passées dans un lieu qu'il a suggéré sont toujours parfaits. Et il ne manque jamais de s'en attribuer le mérite.

Ce cortège de critiques, ces mécanismes destinés à isoler la femme de ses parents et de ses amis engendrent à la longue chez elle une angoisse permanente. Elle finit par ne plus pouvoir prendre la moindre décision seule. Elle attend dans l'anxiété l'approbation de son mari. Elle s'en remet à lui pour le moindre choix, le moindre jugement. Elle est à sa merci.

Tels sont les procédés les plus fréquemment utilisés par l'homme. La femme, quant à elle, adopte des techniques de manipulation davantage fondées sur la passivité. Par exemple, elle induit son mari à se faire du souci continuellement, pour une raison ou pour une autre. Elle l'appelle à son travail, lui demande de rentrer à la maison, de faire une course ou de donner un coup de téléphone. Le soir, avant de s'endormir, elle lui raconte ses angoisses. Le matin, au réveil, elle lui fait part d'un rêve inquiétant. Elle a besoin d'un conseil juste avant qu'il ne parte travailler. S'il est en voyage, elle l'appelle en pleine nuit pour lui apprendre une nouvelle qui le troublera. Elle se montre presque toujours triste, préoccupée, souffrante. Elle accentue ses faiblesses au lieu de les atténuer. S'il est triste, elle augmente sa tristesse. S'il est angoissé, elle lui donne de nouveaux motifs d'appréhension. Elle affiche en permanence sur son visage un muet reproche.

L'homme est ainsi constamment contraint de se demander en quoi il a commis une faute, à quel moment il l'a négligée. Elle sait se montrer gentille, affectueuse, généreuse jusqu'à l'héroïsme ; et il sent en lui se renforcer un sentiment de culpabilité, sans en connaître la raison, car sa femme est imprévisible. Elle change en effet de programme au dernier moment. Elle est parfois comme absente et semble devenue sourde.

Peu à peu, l'homme devient hésitant, anxieux ; il scrute le visage de sa femme pour deviner si elle est satisfaite ou non. Il est incapable de porter un jugement ; il dépend d'elle en tout ; il est sous la coupe de ses humeurs calculées.

On le voit : ces deux mécanismes aboutissent au même résultat. L'homme exploite la tendance de la femme à se reposer sur lui. La femme exploite chez l'homme le sens des responsabilités. Chacun parvient à dominer l'autre en ruinant sa confiance en lui, en semant le doute dans son esprit et en entretenant un sentiment d'échec permanent.

6

JEUNES ET VIEUX

Les jeunes attendent de la part des personnes âgées compréhension, aide et sympathie. Du moins en général, et surtout de la part de celles qui ont réussi ou qui ont connu du succès dans leur vie. Ils les perçoivent comme des individus satisfaits de ce qu'ils ont accompli et obtenu. Ils ont l'impression d'avoir affaire à des êtres en paix avec eux-mêmes, dont les ambitions sont apaisées et dont l'agressivité est tombée ; des êtres dont les craintes de se voir vaincre par des rivaux se sont estompées du fait de l'âge. Les jeunes pensent que les vieux sont bien disposés à leur égard, attirés par leur jeunesse, et capables de comprendre et de valoriser, grâce à leur expérience de la vie et des gens, les possibilités qu'eux-mêmes recèlent. Ils ont tendance à les imaginer comme des êtres qui n'ont plus ni passions ni faiblesses. Des êtres bienveillants, objectifs, sereins, paternels et sages. C'est pourquoi, lorsqu'un jeune subit quelque tort de la part d'une personne âgée, sa réaction va de la prostration à la panique, en passant par le plus complet désarroi. Qu'on soit atteint par un rival est compréhensible, mais que cela se produise à cause d'un homme âgé, et l'image positive du monde s'effondre, révélant qu'il n'existe nul lieu où s'exprimer et progresser.

Cette attente de jeunes est la conséquence de l'image que les plus âgés ont toujours cherché à donner d'eux-mêmes : l'image du père, l'image du maître. Le père est heureux de voir son fils le dépasser, comme le maître est heureux de trouver un élève doué et prêt à se développer sous sa direction. Mais la réalité est tout autre. Les hommes réservent en général leur comportement paternel à leurs seuls enfants, et non aux inconnus. Les maîtres, du moins à l'université, se préoccupent essentiellement de leurs propres élèves et manquent d'objectivité en ce qui concerne les autres. La générosité et l'intérêt des personnes âgées tendent à se concentrer sur ceux qui constituent le prolongement de leur vie. Pour le reste, ils ont exactement les mêmes défauts, les mêmes ambitions et les mêmes craintes que les jeunes.

La première raison, fondamentale, est qu'en réalité personne ne se voit vieillir. Le vieillissement est ressenti comme un phénomène qui survient de l'extérieur. Le corps se déforme, perd de sa beauté et de sa force. La probabilité de la maladie augmente, la fatigue apparaît. Ces choses « arrivent » au sujet, comme il peut lui « arriver » de se casser une jambe ou d'être défiguré dans un accident de voiture. L'esprit, l'âme, l'identité, le moi restent intacts malgré les limites et le fardeau qu'implique le changement physique. Ils sont comme emprisonnés, emmurés vivants dans l'enveloppe charnelle, et assistent, impuissants, à cet enfermement, sans toutefois renoncer au sentiment qu'ils peuvent encore se libérer, progresser, se développer, s'enrichir. La vie ne s'autoreprésente qu'en termes de croissance, de progrès, d'essor.

C'est pourquoi tous, jeunes, adultes et personnes âgées, nous sommes aiguillonnés tout au long de notre vie par le désir de progresser, d'être reconnus, d'obtenir de nouveaux succès. Les gens arrivés et puissants n'éprouvent ni satisfaction ni reconnaissance envers la vie. Ils ont, au contraire, l'impression de pouvoir encore donner le meilleur d'eux-mêmes. Il reste au grand acteur le désir de tourner le meilleur film de sa carrière. Le peintre entrevoit son chef-d'œuvre définitif. L'écrivain attend l'inspiration qui révélera enfin son vrai visage. Einstein s'est dépensé jusqu'au dernier jour pour parfaire la théorie de la gravitation et de l'électromagnétisme. Après que Raoul Gardini eut racheté la Montedison, il entreprit aussitôt de mener à bien un projet encore plus ambitieux.

De nombreuses qualités et de nombreux défauts se retrouvent, identiques, chez les jeunes et chez les vieux. À cela près qu'ils apparaissent sous un jour différent. Prenons l'impatience, par exemple. Rien n'est plus typique de la jeunesse, dit-on. En réalité, tous ceux qui entreprennent, à quelque âge que ce soit, investissent pour l'avenir, comme s'ils étaient destinés à être éternels. Et les jeunes qui s'efforcent de s'assurer un poste fixe, de préférence comme fonctionnaires, pour bénéficier de la sécurité de l'emploi et de la retraite, sont aussi très nombreux. La rivalité est plus évidente chez les jeunes, où elle se présente comme un duel, un match, intense quoique discontinu. Chez les personnes âgées, elle prendrait plutôt la forme d'une partie d'échecs, faite de diplomatie, de persévérance, d'obstination. L'arrogance de la jeunesse est sûre de ses résultats ; elle est témérité. Celle des personnes plus âgées s'appuie sur la certitude qu'elles ont déjà tout fait, tout découvert. Mais il n'est pas dit que les uns soient plus prudents et plus modestes que les autres.

Souvent, lorsqu'ils se rapprochent de leurs aînés pour trouver auprès d'eux aide et compréhension, les jeunes découvrent en eux les défauts et les qualités qui sont les leurs, quoique différemment déclinés, ou masqués sous le vernis de la bonne éducation.

Par ailleurs, lorsque les personnes âgées cherchent auprès de la jeunesse les qualités qui leur font défaut, elles commettent la même erreur. Dans les années soixante, les jeunes se sont convaincus de leur perfection et les vieux les ont suivis sur cette voie. On attendait un renouveau du monde grâce à la générosité de la jeunesse, grâce à sa transparence, à son innocence. Mais, en quelques années, cette jeunesse a commis les mêmes erreurs et vécu les mêmes turpitudes que ses aînés.

Il n'existe pas d'âge d'or. Il n'existe pas d'âge où l'on ne serait que pureté et sagesse. L'avidité et l'égoïsme apparaissent déjà chez l'enfant, chez l'adolescent, et continuent d'exister chez l'adulte et chez les personnes âgées. Et il en va de même pour les qualités, mais elles sont rares. Comme sont rares ceux qui pourraient figurer à nos yeux notre propre idéal.

7

GENTILLESSE ET JALOUSIE

La jalousie compte parmi les sentiments les plus répandus. Elle existe chez l'enfant, dans son désir d'être préféré aux autres et aimé exclusivement. Le jaloux craint que celle qu'il aime ne lui en préfère un autre. La jalousie est couramment confondue avec l'envie ; mais l'envie survient dans un couple formé par l'envieux et l'envié, tandis que la jalousie requiert trois personnages : le jaloux, l'objet d'amour et le rival. Sur ce schéma sommaire, la psyché construit d'innombrables variations et mille complications.

Je m'arrêterai ici sur la jalousie dont sont victimes les femmes les plus séduisantes et à l'âme la plus pure, pour lesquelles ce sentiment est particulièrement injuste et cruel. Cet extraordinaire connaisseur de l'âme humaine qu'est Shakespeare l'avait bien perçu. Le visage de Desdémone dans *Othello* est celui d'une femme très douce et très belle, qui n'a commis aucune faute, mais sur qui s'abat pourtant la violence du jaloux. Malheureusement, la tragédie ne survient pas qu'au théâtre. Souvent, elle se manifeste dans la vie quotidienne ; et ce sont les femmes belles, fragiles, délicates et douces qui suscitent le plus fréquemment la jalousie.

Pourquoi ? Sans doute, en premier lieu, en raison de la beauté. Nul ne veut en convenir mais il est clair que la beauté féminine, la grande beauté, peut générer des réactions violentes. Et si cette beauté est l'apanage d'une femme libre, les autres immanquablement la perçoivent comme une rivale potentielle.

De là naissent des ragots et des commérages, dont celle qui en est la cible souffre. Elle vit cette hostilité comme une injustice et s'en défend. Presque à son insu, peu à peu, elle incline à cacher sa beauté, porte des vêtements neutres, évite de se maquiller. Elle s'abstient de se mettre en valeur, se tient à l'écart dans une réception ou fait en sorte de rester avec une amie. Si elle est seule dans la rue, elle ne marche pas la tête haute, mais regarde ses pieds, avec l'air de s'excuser. Pour battre en brèche l'agressivité des autres, elle s'efforce d'être gentille, affectueuse, disponible.

Les hommes, eux, désirent les belles femmes, qui sont toujours suivies d'une cohorte de courtisans. Il ne faut pas oublier que la beauté ouvre les portes de la fortune, du succès, du cinéma, du théâtre. La beauté attire le pouvoir. Et les hommes qui désirent une femme séduisante s'efforcent de déconsidérer leurs rivaux. Si elle a un fiancé, tous répètent à l'envi qu'il ne la mérite pas, qu'il est indigne d'elle. Et de souligner ses défauts, de lui dire, à elle, qu'il est laid, ou pauvre, ou peu intelligent, qu'il n'entend rien aux affaires, qu'il est sot ou trop intellectuel.

Ainsi sont peu à peu rongées les certitudes d'une femme ; ces manœuvres la transforment en un être inquiet. Elle se met à douter de savoir choisir, juger, et puise dans cette incertitude de nouveaux motifs de se défendre, de se refermer sur elle-même, craintivement.

Dans son livre, *Miti del quotidiano** (Milan, Sugarco, 1986), Rosa Gianetta Trevico remarque que les plus grandes divas ont presque toujours eu besoin de l'appui d'un homme, d'un metteur en scène sûr de lui, qui leur a donné de l'assurance, a su faire s'épanouir leur féminité, et leur a appris à être fières de leur beauté.

L'homme qui, au contraire, n'est pas sûr de lui tombe dans le piège de l'envie et de la rivalité. Les ragots qu'il entend l'inquiètent. Il ne lui échappe pas que celle qu'il aime manque d'assurance ; il note ses hésitations, ses craintes ; il se dit qu'il y a peut-être quelque chose de vrai dans les rumeurs. Il n'ignore pas qu'elle est courtisée par d'autres hommes dès qu'il a le dos tourné, et il ne tarde pas à prendre sa gentillesse pour de la condescendance. Il se sent jugé, critiqué, et finit par douter de lui-même, au point de se faire le complice de ses adversaires ; enfin il en vient à penser qu'il n'est, en effet, pas à la hauteur.

Dans cette atmosphère de médisance et de soupçon, la femme cherche à réagir par un surcroît de gentillesse. Il arrive qu'elle adopte un comportement hésitant et timide, donnant ainsi une impression de fragilité : toute chose que l'homme peu sûr de lui interprète comme de la faiblesse. Il ne comprend pas qu'il s'agit là d'un mécanisme de défense, d'un appel à l'aide. Et plus la femme est fragile, plus il se convainc qu'elle est inconséquente, qu'elle peut devenir la proie facile du premier séducteur sans scrupules venu, du premier don Juan minable. Une aussi grande comédienne que Marilyn Monroe donnait cette impression de fragilité.

La fragilité féminine, pour l'homme, est toujours assortie d'un caractère érotique, car elle déclenche en lui un sentiment de force, une volonté d'aider et de

* « Mythes du quotidien ».

guider, un désir de possession. La beauté féminine a quelque chose de tendre et de doux, quelque chose qui tient de l'enfance. Cette délicatesse, aux yeux de l'homme qui manque de confiance en lui, se métamorphose en une source de jalousie, car il la perçoit comme un signe de légèreté morale. C'est alors que naît la tragédie. Plus la femme est aimable avec ses proches, plus il se convainc qu'elle le trompe. Plus elle est indécise, plus il se persuade qu'elle ment et lui cache quelque chose.

De tels mécanismes ne se rencontrent pas chez les femmes sûres d'elles, énergiques, agressives, qui s'affirment sans crainte. Même si elles sont très belles, les femmes de cette catégorie sont moins attirantes que les premières. Leur force, leur agressivité, leur assurance sont dépourvues de cette tendresse languide si importante pour l'érotisme masculin. Elles apparaissent aussi comme des femmes moins faciles, moins inconséquentes ; elles ne sont pas des proies. Le résultat paradoxal est que, souvent, la femme sexuellement libre ou l'infidèle sans scrupules suscitent moins de jalousie que la femme pudique, réservée et fidèle.

8
AMOUR ET ENGOUEMENT

Il est presque impossible, à notre époque, de voir deux personnes vivre ensemble si elles n'éprouvent pas d'amour l'une pour l'autre. L'amour demeure la seule force qui transforme un individu en un être extraordinaire et irremplaçable. La seule chose pour laquelle il vaille la peine de vivre et de souffrir.

Mais l'amour n'est pas facile à reconnaître, contrairement à ce que l'on croit communément. Il est, dans sa première phase, en tout point semblable à un caprice, à un engouement. Lorsqu'une personne, à une certaine phase de sa vie, est en situation de tomber amoureuse, lorsque, du fait de son évolution profonde, elle est prête à un changement réel dans sa façon d'être et de vivre, elle se met en quête de celui ou de celle avec qui elle accomplira ce nouveau voyage. Et elle vit alors une curieuse expérience d'insatisfaction, d'inquiétude et de misère personnelles, tandis que, dans le même temps, le monde lui apparaît comme extraordinairement riche. Elle a l'impression que tous les autres sont heureux, et elle espère, non sans craindre de l'admettre, qu'il se trouvera quelqu'un pour lui montrer le chemin, pour lui ouvrir cette porte restée jusque-là obstinément close. À cette phase, elle peut être attirée par toutes sortes de gens, et croire même en être amoureuse. Mais, pour qu'il y ait véritablement amour, encore faut-il que l'autre se trouve dans une situation analogue, et qu'il ait quelque chose d'objectif à offrir.

La phase même de la recherche est donc source d'erreurs et de malentendus. Celui qui a soif veut boire dès qu'il trouve de l'eau, même si elle n'est pas potable. L'erreur la plus grossière consiste à tomber amoureux de quelqu'un qui ne nous le rend pas ; ce qui est un moindre mal car ainsi, les choses sont claires. Le plus grand danger, au contraire, est que l'autre, ne se trouvant pas dans une situation analogue et ne pouvant, de ce fait, tomber amoureux, se laisse attirer *comme* s'il était amoureux, flatté qu'il est d'être courtisé, ou parce qu'il est en quête d'une aventure qui lui fera oublier une vie ennuyeuse, ou encore parce qu'il est déçu et blessé par le souvenir d'une liaison antérieure qu'il souhaite effacer. Les jeunes filles sont souvent attirées par la seule idée du mariage. Dès l'enfance, elles ont rêvé de se marier, de pouvoir dire : « mon mari ». Le statut de la femme mariée leur apparaît comme une étape fondamentale de l'existence, quelque chose qui les place au-dessus de leurs amies du même âge encore célibataires.

À cet ensemble d'équivoques et d'erreurs, j'ajouterai celles qui découlent de l'amour romantique. Nombreux sont ceux qui, pour justifier une attirance érotique, même momentanée, veulent se convaincre qu'il s'agit d'amour. Les films, les téléfilms et la vie des stars constituent des modèles de vies remplies de liaisons bouleversantes et passionnées. Cette façon de voir les choses est plus courante aux États-Unis mais elle existe également sous nos latitudes. L'amour romantique fait fonction de justification, d'alibi et d'aphrodisiaque.

Il faut évoquer ensuite les passions émanant de la vanité. Stendhal en a magnifiquement parlé, et Proust après lui. Il suffit que quelqu'un soit admiré par les autres pour devenir désirable. Au niveau le plus élémentaire, il peut s'agir du garçon sur lequel notre meilleure amie a jeté son dévolu, ou de la jeune fille que chacun courtise. Il n'est pas rare que l'amour soit alimenté par la rivalité, et parfois même jusqu'à l'obsession. Ce mécanisme n'a rien à voir avec l'amour, mais il provoque des fixations aussi violentes. À cela près que lorsque celui — ou celle — qui est désiré dit oui, lorsque le — ou la — rival est écarté, l'amour soudain disparaît. Dans tous les cas, on est convaincu de désirer, d'aimer, d'être fou d'amour pour celui — ou celle — qu'on a élu. En réalité, on ne voulait que soustraire l'autre à l'emprise d'un rival, gagner un match. Le véritable objet d'intérêt, dans ce cas, est le rival, et la seule passion, la compétition.

Même lorsqu'il n'y a pas d'équivoque, d'erreur ou de malentendu, même lorsque l'amour est vrai, bilatéral, réciproque, il n'est pas dit que le couple soit heureux et l'union stable. Les amoureux ne se connaissent pas encore. La connaissance ne survient qu'après, peu à peu, dans le rapport concret. L'amour est une force extraordinaire qui unit ou tend à unir deux êtres différents, mais le passage à l'amour est difficile et délicat.

Un amoureux sincère et authentique peut avoir du mal à accepter d'aimer. Il agit comme s'il recherchait les situations qui lui permettent d'oublier celle qu'il aime, de façon à revenir à l'état dans lequel il se trouvait avant d'être tombé amoureux. Ainsi nous arrive-t-il d'éprouver un sentiment de soulagement à l'idée que l'autre puisse mourir, de même qu'on pense à mourir pour mettre un terme à une souffrance.

L'amour que l'on ressent lorsqu'on tombe amoureux, au début, n'est pas un véritable et profond désir du bien de l'autre, pas plus que le souci quotidien et sincère de l'autre. Un tel amour supporte la distance ; sa souffrance est égoïste. On éprouve de la peine, mais on ne participe pas profondément aux angoisses de l'autre, qui nous semble toujours fort et inatteignable. Celui ou celle qu'on aime peut choisir de partir, bien sûr, et disparaître. Mais c'est qu'il, ou elle, était, au fond, pure illusion. Ou que notre confiance en son amour était illusion.

Ce n'est que rarement, et en général, peu à peu, que l'engouement initial devient un amour qui ne se préoccupe pas seulement de ce que veut l'autre, mais tremble pour tout ce qui peut l'atteindre, comme tremble une mère pour son enfant. L'idée que l'autre puisse mourir ne sert plus de prétexte pour imaginer se libérer d'une passion ; elle est vécue comme la menace d'une perte irréparable.

Le passage de l'engouement à un amour durable est marqué par des impressions fugitives mais fondamentales. Tout amour pense devoir durer toujours mais, en même temps, il y a en lui comme une faculté de réversibilité, la possibilité de retourner en arrière. Une seule sorte d'amour se révèle, à un certain point de notre vie, comme le dernier accostage, et il n'est plus question, alors, de revenir en arrière. Nous savons que celui, ou celle, que nous avons rencontré est irremplaçable. Que de soins, d'anxiété, d'attention, de prévenance réciproque, de patience et de prudence montrent alors ceux qui s'aiment !

9

FIN DE L'ÉTAT AMOUREUX

Pourquoi, après avoir été amoureux, après avoir vécu ensemble pendant des années, se dispute-t-on lorsqu'on en vient à se séparer ou à divorcer ? Pourquoi ne se quitte-t-on pas bons amis, dans la mesure où on a une tranche de vie en commun et, souvent aussi, des enfants qu'on aime ? D'où proviennent la rancœur, la colère, le désir de blesser et de se venger ?

La première raison est celle-ci : l'état amoureux est un état extraordinaire, dans lequel nous avons l'impression d'être admis au jardin d'Éden, là où règnent sans partage le bonheur et l'harmonie. Lorsque l'état amoureux prend fin, lorsque l'émotion enthousiaste s'évanouit, peu à peu, dans le cœur des deux ex-amoureux, la nostalgie survient ; et la nostalgie engendre le ressentiment. La femme voudrait que celui qu'elle a aimé soit radieux comme aux premiers jours, et non pas absent et pressé. L'homme voudrait sentir sa femme, frémissante, contre ses lèvres, tandis qu'elle passe son temps à le critiquer. Chacun reproche à l'autre d'avoir rompu l'enchantement.

Si c'était vrai, si la culpabilité d'avoir détruit le paradis de l'état amoureux ne venait que d'un seul côté, la rancœur serait justifiée. Mais il n'en va jamais de la responsabilité d'un seul. L'état amoureux est un état extraordinaire avec une durée, un début et une fin. Nul ne doit s'arroger le mérite de l'avoir fait éclore, ni supporter la faute qui l'a fait s'éteindre.

Et nous voilà au second motif. Dans l'état amoureux, hommes et femmes sont comme transfigurés. Chacun désire plaire à l'autre, veut retenir son attention, mériter son estime. Ainsi l'un et l'autre sont-ils prêts à changer, à se transformer. Il existe des hommes cyniques et vulgaires que l'état amoureux rend aimables, altruistes et généreux ; et des femmes avides et ambitieuses soudain prêtes à tout abandonner pour celui qu'elles aiment. Tout, dans cette situation, semble possible. La jeune fille éprise d'un voyou est convaincue qu'elle pourra le sauver. Pure illusion. L'amour est une puissance de transformation révolutionnaire, certes, mais jusqu'à un certain point. Jusqu'à ce que j'ai qualifié de « points de non-retour ». Les aspects cruciaux de la personnalité, les désirs profonds s'affaiblissent dans l'état amoureux mais, une fois la sécurité du rapport établie, ils réapparaissent en force.

Les défauts, la dureté, les ambitions, l'égoïsme, la vanité resurgissent dans la vie du couple, et lorsque l'état amoureux décline, chacun discerne la nature de l'autre telle qu'elle était avant qu'il ne tombe amoureux. Et l'on croit n'avoir plus affaire à la même personne ; et l'on éprouve la pénible impression d'avoir été trompé.

Le troisième facteur est une conséquence des deux premiers. Au fur et à mesure que s'évanouit l'état amoureux, la personnalité profonde de chacun refait surface dans tous ses contrastes. Et deux êtres différents doivent vivre ensemble, avoir des rapports érotiques, ils doivent manifester à leurs propres yeux et aux yeux des autres la continuité de leur amour. Et naissent les conflits, les reproches, les petites vengeances, le dépit. Ce sont de petites choses auxquelles on n'accorde que peu d'importance mais qui, mois après mois, année après année, créent des fractures et des rancœurs profondes. Il est faux de croire que les disputes entre conjoints ne laissent pas de traces. Tout laisse une trace, le bien comme le mal.

Tel est le triste cortège qui accompagne l'amour vers sa fin. Comment meurt un amour ? Ainsi, à travers cette succession d'offenses réciproques où chacun se croit dans son droit.

C'est pourquoi, lorsqu'un amour meurt, ce ne sont pas seulement les personnalités que l'état amoureux avait momentanément transfigurées et magnifiées qui se réveillent, mais leurs pires aspects, toutes les forces agressives qui se sont nourries de ce conflit obscur et sourd qui s'est noué au fil des années.

Lorsqu'un couple en arrive à la séparation ou au divorce, c'est donc dans la pire des situations, dans des conditions antinomiques de celles qui entouraient l'état amoureux. Ses deux membres n'avaient en commun que l'amour. À présent, ils ont mille choses en commun, mais dans un pur esprit de vengeance. Deux étrangers se comprendraient mieux et sauraient se montrer plus généreux et plus tolérants.

II

MESDAMES ET MESSIEURS

10

FEMMES DE CARRIÈRE

Les femmes aujourd'hui exercent une activité professionnelle ; elles sont avocates, médecins, magistrats, P.-D.G., journalistes. Certaines sont belles, très belles, élégantes, intelligentes. Mais elles éprouvent souvent l'impression que les hommes leur préfèrent un type de femmes plus traditionnel : des femmes qui ne travaillent pas ou qui, à un certain point de leurs études, ont opté pour le mariage et la maison, pour le rôle d'épouse, des femmes qui n'ont pas voulu affronter la lutte pour réussir telle ou telle carrière, résoudre les difficultés nées d'une situation d'égalité avec les hommes, dans les champs politique et culturel.

Face à ce comportement masculin, la femme libérée, qui a sa place dans le monde du travail, éprouve de l'étonnement et ressent quelque amertume. De l'étonnement car, tandis qu'elle faisait ses études et se battait pour réussir dans son métier, elle imaginait que les hommes l'apprécieraient davantage. En fait, forte de son charme féminin, elle pensait acquérir une connaissance du monde masculin qui ferait d'elle une véritable compagne dans la vie. Mais c'est le contraire qui s'est produit, d'où un profond sentiment d'injustice. Et elle se demande : pourquoi les hommes sont-ils si bêtes ? Pourquoi se comportent-ils ainsi ?

Les hommes, ou du moins bon nombre d'entre eux, préfèrent, encore aujourd'hui, se sentir supérieurs à leur épouse sur le plan économique, culturel et professionnel. Ils se plaisent à jouer les maîtres, à donner des conseils aux femmes, à les guider. S'il est patron, il montre à sa secrétaire comment s'y prendre et, même quand il grommelle, il est heureux de la voir s'adresser à lui, pleine d'admiration. Chez lui, il veut apparaître comme un être supérieur aux yeux de ses enfants.

Même si elle est douce et affectueuse, la femme-patron, la femme de carrière se situe sur le même plan que lui. Elle peut à tout instant contester une de ses affirmations, démontrer qu'il a tort en présence des enfants ou devant des amis. En toute occasion, l'homme s'expose à une discussion et il doit faire attention à ce qu'il dit.

C'est ici qu'intervient la deuxième raison qui fait préférer aux hommes les femmes traditionnelles. Leur comportement est plus léger, plus reposant, plus frivole. L'homme veut une rupture entre le monde du travail et le monde du plaisir, de l'érotisme, des loisirs. Le soir, lorsqu'il quitte son travail, ses problèmes, ses conflits, la tension du monde des affaires, il veut tirer la porte derrière lui et ne plus rien en savoir. La femme devient alors pour lui l'élément de la différence, de l'émotion et de l'aventure, que ce soit dans l'univers de la nuit — royaume des lumières tamisées, des rires et de la sensualité — ou dans le cadre ouaté de la maison, avec sa sérénité, sa douceur, le repos qu'elle offre, à l'écart de la trépidation du monde.

Il existe encore une troisième raison, plus subtile. Il faut du temps pour séduire, et il ne faut pas être distrait par des pensées étrangères à ce projet. La femme qui ne travaille pas, qui n'est pas engagée dans une carrière absorbante, dans un métier prenant, a beaucoup de temps libre ; ses activités lui laissent, d'une certaine manière, l'esprit disponible. Elle a tout loisir de revenir sur les événements qui ont marqué sa vie de couple, depuis qu'elle a rencontré celui qui est devenu son mari. Elle peut comparer les gestes de la veille avec ceux du passé, faire retour au jour où ils se sont connus. Ainsi identifie-t-elle les conduites qui se répètent et qui dénotent les désirs les plus profonds. Elle les distingue des comportements plus superficiels, elle les interprète. Elle parvient à connaître son mari mieux qu'il ne se connaît lui-même. Elle peut alors savoir comment agir à son égard, elle trouve les mots qui le touchent, les attitudes qui le bouleversent. Telles sont donc les trois raisons qui, conjointement, expliquent le comportement injuste de l'homme vis-à-vis des femmes qui font carrière.

Consolation pour les femmes dans le vent de la modernité et libérées, il faut dire que le même phénomène se produit pour les hommes. Les hommes les plus intelligents, les plus sensibles, ont toujours été peinés du fait que les femmes semblaient leur préférer un type d'hommes amusants, légers, frivoles, superficiels, qui sachent les faire rire et aient un comportement désinvolte. Il n'est pas rare, en effet, de voir les femmes, et en particulier les femmes jeunes, jeter leur dévolu sur un partenaire élégant, possédant une belle voiture, dont le caractère peut leur faire partager les bons côtés de la vie, plutôt que sur un homme cultivé, sérieux, raffiné et capable d'exprimer des émotions plus profondes. Ces femmes choisiront des hommes qui leur consacrent davantage de temps qu'ils n'en passent à leur travail, ou à leurs études ou à des choses qui comptent ; des hommes prêts à toutes les folies, ayant le goût des voyages et connaissant les boîtes de nuit à la mode. Il n'est pas rare que les hommes de ce type soient vaniteux, sots, voire quelque peu voyous, mais ils présentent un attrait érotique supérieur. Ils doivent leur succès au temps libre dont ils disposent, et se consacrent presque exclusivement à ce qui peut les rendre attirants aux yeux des femmes.

Les femmes de carrière découvrent que l'égalité des droits va de pair avec une égalité dans l'injustice. L'élévation d'esprit, la culture, le savoir ne constituent pas un avantage sur le plan érotique, car ils se situent dans le champ du sérieux, de la responsabilité, tandis que le plaisir relève de la transgression et du jeu. Il faut savoir faire preuve de patience et d'intelligence pour en faire des agréments amoureux.

11

IGNORANCE MASCULINE

Pendant les vacances, à la mer ou au bord des piscines, les gens révèlent involontairement les comportements qui sont les leurs tout au long de l'année, chez eux, dans l'intimité, lorsque personne ne les voit. Ils agissent comme ils le font le soir, par habitude, lorsqu'ils rentrent à la maison, fatigués, ou le dimanche, lorsqu'ils peuvent enfin exprimer leurs vrais désirs, leurs vraies pensées et les valeurs qu'ils apprécient. Les vacances sont pour eux l'occasion d'abandonner le rôle qu'ils sont censés jouer officiellement, de se détendre, d'oublier leurs inhibitions.

C'est en vacances que l'on peut observer beaucoup plus nettement les différences de comportement entre les hommes et les femmes qui, souvent, forment deux groupes distincts : les hommes d'un côté, les femmes de l'autre.

La première chose, et la plus frappante, est de constater que les femmes se comportent comme des prêtresses de la beauté. Elles connaissent les crèmes protectrices ou hydratantes. Elles en enduisent le corps de leur mari et de leurs enfants. Ce sont elles qui poussent leur conjoint à acheter un nouveau costume, un pantalon à la mode, une chemise de couleur assortie. Encore aujourd'hui, elles gèrent la santé et la beauté de leur corps et de celui de leurs proches. Les hommes, ignorants dans ces domaines, laissent faire.

Ils laissent faire non sans arborer, souvent, un air de suffisance. Ils se conduisent comme s'ils tenaient à faire savoir au monde entier que ces choses-là sont insignifiantes et frivoles, et qu'ils ont autre chose en tête. Ce sont les femmes, encore, qui, sur la plage, lisent les hebdomadaires, les mensuels, les suppléments des quotidiens, les magazines féminins et les revues d'actualités. À peine sont-elles installées sur le sable qu'elles sortent la presse d'un cabas, pour s'y plonger comme s'il s'agissait du manuel essentiel. Elles étudient soigneusement les qualités de tel nouveau maquillage, la description de la mode enfantine pour l'hiver à venir, pour l'école et pour la montagne, les nouveaux modèles d'appareils ménagers, les dernières recettes de cuisine, la façon de réutiliser les vieux pull-overs.

Elles scrutent, par le biais d'un test, leur personnalité et la manière dont on doit se comporter en telle ou telle circonstance, les professions en pointe dans lesquelles on peut espérer trouver un emploi, les études vers lesquelles orienter les enfants, les nouvelles théories diététiques, les remèdes contre les maladies ordinaires. Elles épluchent avec attention les nouveautés en matière de livres, les programmes de théâtre, de cinéma et de télévision. Elles lisent les rubriques de psychologie traitant des problèmes du couple et des conflits familiaux, de la maîtrise de l'agressivité, des questions affectives délicates et embrouillées. Les hommes, eux, ne jettent pas un regard sur ce genre de textes. Ils ne lisent pas de romans psychologiques noués autour de situations complexes. Ils ne lisent pas d'essais traitant des relations avec les autres, pas plus que les derniers titres étudiant le comportement. Nombre d'entre eux sont convaincus que se préoccuper de tels problèmes est tout bonnement absurde. Ce sont les affaires qui comptent, l'argent, et il suffit pour se détendre de parcourir les pages sportives.

C'est ainsi que vont les choses en public, sur la plage ou au bord de la piscine, comme tout au long de l'année, à la maison, dans le cadre intime de la vie privée. Au fil des mois, la femme examine ce qui se passe autour d'elle : la vie, la culture, les comportements et les sentiments ; elle observe les gens ; elle analyse minutieusement leurs gestes et les interprète ; elle les déchiffre ; elle discute avec ses amies et ses relations — ce que les hommes considèrent comme des « commérages ».

Elle se plonge dans les rubriques de faits divers. Car même un meurtre, un procès, une histoire dramatique, ou les événements de la vie des stars constituent des faits de la vie qu'elle veut comprendre, des « cas cliniques » de la quotidienneté dont elle se fait l'interprète et qu'elle entend maîtriser.

De cette quotidienneté, l'homme ne sait rien et ne veut rien savoir des sentiments qui l'animent, des motivations et des contradictions qui l'agitent. Tout entier pris par son travail où il excelle, où il est le meilleur, il traverse cet univers sans rien voir ni comprendre, en aveugle.

Par conséquent, il est étranger au sens des gestes de sa propre femme, des messages qu'elle lui adresse en permanence. Et il en est même à ne plus voir les faits eux-mêmes. Il ne s'aperçoit pas qu'elle a changé de toilette ou de coiffure, qu'elle est triste ou gaie. Il ne comprend pas qu'elle lui fait la cour, qu'elle le désire ou, au contraire, qu'elle est lasse de lui et de sa vision à court terme, et qu'elle rêve d'évasion, de fugue, de quelque chose de romantique. Il ne voit pas qu'elle cherche un amour, un homme amoureux, car seul l'homme amoureux sait être sensible à cette richesse de stimulations, de valeurs et d'émotions qui sont au cœur de la vie d'une femme.

12

RICHES DIVORCÉES

Les vacances constituent une période de prédilection pour les manifestations de la vie sentimentale. Sur les plages, à la montagne, au bord des lacs, les gens se regroupent, non par profession mais par affinités. Ainsi voit-on des groupes de jeunes, des groupes de couples avec de jeunes enfants, des groupes de gens âgés, des groupes de célibataires, les hommes d'un côté, les femmes de l'autre, et enfin des groupes de femmes, séparées ou divorcées, riches d'une longue expérience conjugale. On rencontre surtout ces dernières dans les stations luxueuses. Elles viennent en majorité des classes aisées, mais on les trouve également dans toutes les couches de la société.

Un lieu commun passablement usé veut les faire passer pour de « pauvres femmes » abandonnées par leur mari en faveur d'une plus jeune, et contraintes de mener une vie triste et retirée. Rien n'est plus faux. Dans le monde entier, ce sont presque toujours les femmes qui demandent le divorce. Leur situation n'est pas le produit d'un refus mais le résultat d'un choix. Elles ont préféré au mariage et à la vie conjugale une existence dans laquelle elles sont libres de faire ce qu'elles veulent et où elles sont maîtres chez elles.

Nombreuses sont les femmes qui considèrent leur maison comme un petit paradis terrestre. Elles la construisent au gré de leurs pulsions, de leurs émotions, de leurs sensations physiques. Leur maison reflète donc leur personnalité. Si, pour l'homme, celle-ci est un refuge où se reposer, se retrouver, puiser de l'amour, elle est pour la femme l'objectivation de son monde intérieur.

Lorsqu'un homme et une femme se marient ou vivent ensemble, c'est la femme qui, en général, décide de la décoration. Même s'ils choisissent les meubles en commun, c'est elle qui, ensuite, détermine leur place dans la maison, dispose les éclairages, compose les espaces et l'atmosphère, de sorte que la maison devient le miroir et le symptôme du rapport affectif entre la femme et l'homme qui partage sa vie. Si elle en est profondément amoureuse, elle apprécie sa présence, elle aime qu'il utilise son espace et y laisse sa trace. Elle va même jusqu'à percevoir le désordre masculin comme un signe positif, signifiant que l'homme est détendu et à son aise dans la maison, qu'il n'a pas envie de la modifier, qu'il se sent accepté dans le monde intérieur de la femme.

Si, au contraire, la femme commence à vivre la présence masculine comme une présence perturbante, désordonnée, grossière, c'est le signe que son amour est en train de se refroidir. Elle prétend alors lui imposer de marcher avec des patins pour ne pas abîmer le parquet ciré. Elle ne supporte pas le désordre qu'il laisse dans la salle de bains. Elle découvre qu'il se lave trop, ou pas assez, qu'il laisse tomber ses cendres sur le tapis, que son verre, sa tasse et ses journaux traînent partout, qu'il ronfle, prend toute la place dans le lit et tire les couvertures à lui.

Le refus se précisant, elle commence à être importunée par sa présence dans sa maison. Elle le trouve gênant, maladroit, poilu. Et, laissant s'accumuler la saleté et le désordre, elle lui rend la maison désagréable, voire invivable. C'est sa façon de lui signaler qu'il est un intrus, qu'il doit s'en aller, quitter son territoire. C'est par le biais de ce langage du territoire que se manifeste la crise conjugale. Peu à peu, l'homme est repoussé sur ses frontières. Jusqu'à ce que, finalement, il s'en aille. Il croit le plus souvent avoir l'initiative. En réalité, il a bel et bien été chassé.

Le divorce ou la séparation ne sont, dans ce cas, que le dernier acte d'un processus au cours duquel la femme concrétise sa liberté sans l'homme, dans un espace à elle, un espace auquel elle ne voudra jamais plus renoncer. Elle ne se remarie pas ou, si elle a une nouvelle liaison, elle veut des lieux de résidence séparés. Elle considère l'homme comme un invité provisoire, et non plus comme une présence dans son monde intérieur.

Sa liberté ne serait pas complète et définitive si elle ne réussissait pas à s'assurer également la propriété de la maison et une pension. Objectifs pour lesquels cette sorte de femmes se bat très habilement et avec de bons résultats. Dans les classes aisées, il n'est pas rare de rencontrer des femmes séparées ou divorcées qui sont parvenues à obtenir, par le biais du divorce, ce qu'avaient obtenu leurs mères et leurs grand-mères par le biais du mariage : la sécurité économique et sociale. L'autonomie en plus. Telle est, sans doute, une des conquêtes les plus importantes du féminisme.

13

FIANCÉES

Il n'est pas rare de rencontrer des jeunes filles qui ne veulent pas se marier. Elles sont fiancées, elles sont amoureuses, elles s'entendent bien avec leur fiancé, elles vivent avec lui, mais elles n'ont aucune envie de l'épouser. Il arrive que l'homme leur parle mariage mais elles éludent la question, changent de sujet ou, pour ne pas le blesser, prennent la chose en riant.

Un tel comportement était impensable jusqu'à une époque récente. Les mères vivaient, au contraire, en alerte constante dans l'espoir de voir enfin un bon parti se présenter pour leur fille. Leurs filles craignaient, quant à elles, de rester célibataires et voyaient passer les années avec angoisse. Si les fiançailles s'éternisaient, on n'hésitait pas à faire pression sur le conjoint pour qu'il se décide. Et si, enfin, on manquait d'argent pour faire un mariage dans les règles, les tourtereaux étaient tacitement poussés à faire une fugue pour mettre tout le monde devant le fait accompli.

Ainsi la femme désirait-elle se marier et l'homme était-il tenu de l'épouser. Aujourd'hui, bien souvent, l'homme attend que la jeune fille — et surtout la famille de celle-ci — lui demande de l'épouser, et il est étonné de ne plus y être contraint et forcé. Il est stupéfait de voir que la jeune fille préfère l'état plus léger, moins engagé, presque précaire des fiançailles à la solennité sous serment du mariage.

Les jeunes filles refusent parfois de se marier, de s'engager pour la vie, car elles considèrent les fiançailles comme un essai, et un essai peut ne pas être concluant. La plupart d'entre elles sont pourtant amoureuses, sûres de leur amour comme de celui de leur fiancé, et elles n'envisagent ni de le quitter ni d'en changer. En refusant le mariage, elles cherchent plutôt à prolonger l'âge d'or de l'état amoureux, dénué de tout devoir, de tout engagement, de toute responsabilité, cet âge d'or dans lequel on est ensemble pour le simple plaisir, pour faire l'amour, pour partir en vacances et pour s'amuser.

Les femmes éprouvent souvent un très fort désir de se marier lorsqu'elles ne sont pas sûres de leur amour pour l'autre, ou de l'amour de l'autre pour elles. Le mariage leur apparaît alors comme le moyen de fixer un sentiment incertain, de retenir ce qui les fuit. Comme ces couples en crise qui espèrent, avec un enfant, ressouder leur union. Le véritable amour n'a nul besoin d'actes notariés ; il est sûr de lui et de sa force naturelle. Chaque jour, l'homme qui aime s'étonne de voir qu'il aime, sans contrainte, dans une liberté absolue. Et il éprouve un véritable sentiment d'oppression lorsqu'il voit tant de couples autour de lui, unis par le devoir, presque avec rage, comme si le mariage était une prison.

Il n'est pas rare qu'en refusant le mariage, les jeunes filles refusent d'assumer les devoirs y afférant, les soucis liés à la bonne marche d'une maison, l'ennui des travaux ménagers, la responsabilité de la gestion du budget du foyer : tous les problèmes dont elles ont vu leur mère accablée.

En acceptant le mariage, elles n'ont pas seulement l'impression de quitter une vie insouciante, mais encore d'être avalées par la tradition et renvoyées au rôle féminin traditionnel par essence : celui de l'épouse qui attend son mari, qui lui prépare ses repas, qui lave ses vêtements, qui l'aide dans sa carrière et supporte sa mauvaise humeur. Elles croient ainsi perdre leur identité et craignent de devenir un simple complément de l'homme, un complément qui a besoin de son argent et de son aval. Elles craignent de devoir recourir à ces manœuvres habiles qu'elles ont si souvent vu utiliser par des épouses frustrées et avilies.

Si elle consent au mariage et donc au rôle traditionnel de l'épouse, la jeune fille pense que, tôt ou tard, elle finira par accepter et désirer le rôle de mère. Sa vie deviendra alors la parfaite reproduction de celle de ses parents, sans autre option possible. Pour elle, il est mieux de ne pas s'y engager, d'arrêter le temps sur le cadran de l'adolescence. Un peu comme Peter Pan qui préfère rester enfant et choisit l'aventure magique de l'enfance plutôt que la banalité sans gloire de la vie adulte.

14

PÈRES ET MÈRES

Certains parents s'identifient si fortement à leurs enfants qu'ils ne parviennent plus à s'en distinguer. Autrefois ce phénomène se produisait principalement entre le père et le fils aîné. Le fils était censé reprendre le nom, et parfois la profession du père. Celui-ci le considérait donc comme un prolongement de lui-même. Il commençait à élaborer des projets dès la naissance de son héritier et à penser à ce qu'il deviendrait plus tard, l'imaginant en tout point semblable à lui.

C'est pendant la période de développement économique que la mobilité sociale est apparue et que les pères ont commencé à transférer sur leurs fils leurs désirs d'amélioration de leur condition, à espérer pour eux une réussite qu'ils n'avaient pas envisagée pour eux-mêmes, et à projeter sur eux leurs ambitions les plus secrètes.

Pour ces pères, l'éducation consistait à modeler leurs fils selon leurs propres goûts, à les ajuster à leur idéal, en ignorant souvent totalement leur personnalité réelle. Ils les voyaient comme des êtres forts et ambitieux, intelligents et brillants, bons élèves, sportifs, toujours les meilleurs, toujours les premiers. Il n'était pas rare que leur enfant fût tout différent. Il pouvait être timide, introverti, paresseux en classe, distrait. Ou encore il ne concordait pas physiquement avec la vision du rêve paternel. Le père l'avait voulu grand et le fils était petit, il l'avait voulu fort et il le trouvait faible, il l'avait voulu mince et voilà qu'il était rond. D'où, souvent, du ressentiment, et une colère sournoise et têtue.

Il existe, encore aujourd'hui, des pères qui sont continuellement sur le dos de leurs enfants, leur reprochant tout ce qu'ils font, trouvant à redire sur leur façon de s'habiller ou de parler, sur leurs amis, sur leurs chansons favorites. Ils ne perdent aucune occasion de les humilier, de se moquer d'eux, de briser leur volonté, de les empêcher, en somme, de façonner leur identité propre, autonome, différente de celle qu'ils ont imaginée pour eux.

À un certain point de son évolution, le fils se rebelle et commencent scènes et affrontements. La mère risque quelques interventions pour calmer le père en colère, mais ses tentatives ne font souvent qu'empirer la situation. La rage du père croît, s'aigrit, car il se sent acculé, incompris. Il est conscient de devoir se battre contre deux personnes et devient méfiant, inquiet.

Au début de ce siècle, Freud avait constaté qu'il existait une violente rivalité entre père et fils, et il en avait attribué la cause à l'amour exclusif de la mère. D'après lui, les fils haïssent les pères car, comme Œdipe, ils veulent épouser leur mère ; d'où le terme de « complexe d'Œdipe » pour qualifier cette rivalité. D'autres auteurs par la suite, et notamment des femmes, ont au contraire souligné la jalousie ressentie par le mari à l'égard du fils qui monopolise l'attention et l'amour de la mère. Là encore, exclusivité et jalousie sont mises au premier plan. Il est beaucoup plus probable que le conflit observé par Freud soit à considérer comme caractéristique de son époque, une époque qui voyait naître la mobilité sociale, et dans laquelle les pères pouvaient à loisir projeter sur leurs fils leurs désirs de grandeur, leurs ambitions frustrées et leurs rêves. Dans les classes paysannes, ils se contentaient de souhaiter que leurs fils poursuivent l'activité qui était la leur ; il faut dire que l'immobilisme de la société ne leur donnait guère les moyens de rêver. Du temps de Freud, les pères usaient de leur vieille autorité traditionnelle pour réaliser de nouveaux rêves, mais le monde changeait si vite autour d'eux qu'ils étaient incapables de comprendre leurs enfants et la réalité qui était la leur.

Aujourd'hui, presque un siècle plus tard, les pères continuent de s'identifier à leurs fils mais ils ont appris qu'ils ne pouvaient pas déterminer leur avenir. Ils ont appris que leurs fils vivaient différemment d'eux et qu'il était inutile de les contraindre à un mode d'existence défini. Et surtout, l'autorité paternelle et la place du père dans la famille ont grandement perdu de leur pouvoir, alors que l'axe de la famille s'est déplacé du côté de la mère. En général, la mère décide seule d'avorter ou de garder son enfant. De nombreuses femmes préfèrent avoir un enfant sans père, et, en cas de divorce ou de séparation, les enfants sont toujours confiés à la garde de la mère. C'est elle qui s'occupe de leur éducation ; c'est elle qui leur transmet, jour après jour, ses propres valeurs. Le père est présent par l'exemple qu'il donne, par ses conseils et par l'aide financière qu'il apporte. Son rôle est important sur le plan affectif : il tient compagnie à ses enfants, il joue avec eux, mais son personnage tend à ressembler à celui du grand frère ou du meilleur ami, et s'éloigne de celui du père-chef modèle et responsable.

Les mères sont devenues des protagonistes à part entière. Elles l'étaient déjà, mais surtout vis-à-vis de leur fille. Rosa Giannetta Trevico a très bien décrit dans son livre *Miti del quotidiano* le comportement maternel possessif dans les rapports mère-fille.

La mère donne parfois l'impression qu'elle n'a jamais rompu le cordon ombilical qui la relie à sa fille, et se comporte comme si le corps de celle-ci n'était pas totalement distinct du sien. Elle ne la quitte pas des yeux et la garde à son côté, contrôlant sa tenue vestimentaire, sa propreté, sa coiffure, son allure ; jusque dans les moindres détails, jusqu'à la marque de crème qu'elle utilise et à sa façon de l'appliquer, dans une intimité qui se poursuit dans la salle de bains, ignorant la pudeur et la distance qu'elle garde habituellement à l'égard de son fils.

En cette époque de développement économique et d'accroissement des ambitions sociales, les mères, elles aussi, ont commencé à projeter sur leur fille les désirs et les rêves qu'elles n'ont pu réaliser. Il suffit de penser aux concours de beauté des années cinquante, et aux mères anxieuses de voir leur fille remporter le premier prix, ou à un film comme *Bellissima* de Visconti. De nombreux conflits mère-fille de cette époque naissaient de rêves maternels trop peu réalistes.

Que va-t-il advenir maintenant que les mères se substituent peu à peu à l'image du père, y compris auprès de leurs fils ? Quels rêves, quels espoirs, quels désirs frustrés, quelles revendications leur feront-elles assumer ? Sommes-nous en train d'assister à la naissance de la mère-chef venant prendre la place du père-chef ? Je ne le pense pas. Le passé ne se répète jamais. Mais lorsqu'on prend en main l'éducation des enfants, lorsqu'on marque de ses propres valeurs la nouvelle génération, lorsqu'on la modèle selon son propre idéal, on est inévitablement en butte à des difficultés en même temps que des succès. Nul ne gouverne sans affrontement ni conflit. Aussi, dans un proche avenir, allons-nous assister à des luttes d'un type nouveau, non pas entre père et fils (le complexe d'Œdipe), mais entre mère et fille. Et le terme désignant ce conflit reste à trouver.

III

VIOLENCE CACHÉE

15

BRUIT

Pour quelle raison voit-on fleurir, depuis quelques années, des livres et des débats sur les bonnes manières ? Est-ce parce qu'il existait auparavant une culture de gauche et que nous vivons aujourd'hui une période de reflux et de triomphe du reaganisme ? Je ne le crois pas. Les phénomènes culturels émanent de causes profondes, de transformations structurelles de la société, et de changements économiques et sociaux. À mes yeux, le goût pour les bonnes manières et pour une conduite convenable en société est la conséquence d'une mutation de la signification du corps, laquelle est le fruit du passage d'une société industrielle dominée par le travail manuel à une société post-industrielle dominée par le travail intellectuel et les services.

Pour étudier le problème, prenons l'exemple de deux milieux totalement différents : un quartier ouvrier où vivent des travailleurs manuels, et un quartier bourgeois habité par des gens riches et des intellectuels ; disons un quartier populaire de Naples et un quartier résidentiel où les enfants s'ébattent sur des pelouses bien entretenues.

Dans le premier, le bruit frappe d'emblée. La radio est poussée à fond, toutes fenêtres ouvertes. Chacun entend ce qui se passe à côté, non seulement parce que les cloisons sont minces mais parce que tous les bruits sont un ton au-dessus, irréfrénables : la mère criaille après son enfant, argumente avec son mari, fait des reproches ; on traîne des objets sur le sol ; les portes claquent ; les pas martèlent le plancher de l'étage au-dessus, des coups de marteau résonnent. Nul ne se demande s'il gêne le voisin. Si quelqu'un s'avise de protester, on lui répond sans ménagements qu'on fait ce qu'on veut chez soi. Celui qui proteste n'agit pas autrement. Il commence par crier puis, s'il rencontre son voisin sur le palier, il l'interpelle avec fougue, de façon que tout le monde en profite. Tout se passe comme si chacun voulait se faire entendre, signaler aux autres son existence. En ce sens, celui qui proteste ne le fait que parce qu'il se sent exclu. Tant il est vrai que, s'il est invité à entrer chez son voisin, il oublie aussitôt son grief et se mêle au vacarme général. Comme lorsqu'on entre chez des voisins qui donnent une fête : on oublie sa colère et l'on se met à danser et à chanter avec eux.

Quel est le sens de cette situation ? Ces gens sont-ils des barbares ? Pas le moins du monde. Ils affirment simplement leur existence et communiquent par le biais de manifestations physiques bruyantes. Le même comportement se retrouve chez les jeunes de toutes les classes sociales. Dans la rue, les enfants des familles aisées se déplacent en bandes ; ils crient ; ils gesticulent ; la jeune fille qu'on frôle par jeu pousse un hurlement ; deux garçons simulent une bagarre violente, à grand renfort de gestes ; ils roulent sur des cyclomoteurs sans pot d'échappement, dans un horrible vacarme qui les signale à des kilomètres à la ronde.

Ce comportement découle de l'importance que le garçon donne au corps et au physique dans toutes ses manifestations. Le cyclomoteur n'est pas seulement un moyen de transport, c'est un objet qui permet de signaler son existence et de prendre de la place physiquement. Le point commun entre les jeunes garçons et les travailleurs manuels est l'importance que les uns et les autres accordent au corps. Pour ceux qui font de durs travaux physiques, le corps est l'outil le plus important. Plus l'homme est doté d'une carrure massive et puissante, plus il considère qu'il a de la chance ; et il est heureux, après une journée de travail, d'avoir encore de l'énergie à dépenser. De la même façon, un jeune garçon se sent fort parce qu'il est jeune, parce qu'il déborde d'énergie et qu'il n'éprouve pas le besoin de la refréner ; il veut au contraire la dépenser en courant, sautant, criant, en se bagarrant, en se défoulant dans les discothèques ou en s'abandonnant aux vibrations d'un concert rock. Dans le monde du travail manuel ou de l'expression physique, le vacarme n'est pas nécessairement signe d'agressivité. Il prend, en revanche, un sens agressif dans l'univers bourgeois et dans le milieu des travailleurs intellectuels.

Pour les catégories qui fondent leur existence sur les capacités intellectuelles et sur les relations sociales, le corps est essentiellement le véhicule de l'intelligence. Il n'est pas le centre de l'individu mais le support de l'esprit. Le corps est l'instrument que l'on utilise pour représenter une position sociale et pour transmettre des qualités intérieures. Il sert à indiquer le statut, la profession, mais également les goûts personnels, les états d'âme, le rapport à l'autre. Et, parce qu'il est l'instrument de l'expression affective et intellectuelle, le corps doit être assujetti, maîtrisé, discipliné.

C'est pourquoi tout ce qui est débordement, excès, cri et manifestation incontrôlée est évacué. Il arrive un âge où les garçons cessent d'être bruyants : lorsqu'ils prennent pied dans le système des relations sociales et professionnelles. Ils se soucient alors du sens qui dans chaque geste, chaque inflexion de voix peut être perçu par les autres. Ce n'est que lorsqu'ils sont seuls, entre eux, qu'ils se laissent aller. Comme dans une trêve.

Cette transformation évidente est la conséquence du passage d'une société dans laquelle le travail manuel dominait à une société dans laquelle prévaut le travail intellectuel, d'une société constituée surtout de paysans, de journaliers et d'ouvriers non qualifiés, à une société d'ouvriers spécialisés, de techniciens, d'employés, d'enseignements, de chercheurs, de préposés aux services. L'agressivité n'a rien à voir dans l'affaire, pas plus que le reflux ou que Reagan.

Dans la nouvelle société post-industrielle, à laquelle nous finirons tous, tôt ou tard, par participer, le corps devient un instrument de communication. C'est pourquoi il doit être discipliné, et c'est pourquoi il doit répondre aux ordres de l'intelligence. Il ne saurait rester à la merci de ses besoins instinctifs ; pas question de succomber à la faim sous peine de grossir. Au travail, l'esprit a besoin d'être clair et il ne s'agit pas de l'alourdir par la nourriture. Refus de se livrer au sommeil car, dans la vie sociale, il y a les invités, les dîners, les réunions qui se prolongent parfois tard dans la nuit. Et on doit renoncer à la paresse, car il nous faut rester vigilant. Et il importe de ne pas s'abandonner à des mécanismes primaires, à éructer, bâiller ou se gratter ; pas plus qu'on ne peut crier ou parler haut sous peine de gêner les autres et de provoquer leur agressivité.

Le corps doit se modeler conformément aux ordres du cerveau. Dans la société post-industrielle, nous devrons tous apprendre à marcher, à parler, à nous habiller et à agir selon les gestes « justes ». Ainsi le culturisme, l'aérobic, les différents sports tels que le tennis, le ski, le jogging et la natation sont-ils de la même famille que les régimes, les leçons de bonnes manières, la mode, les vêtements appropriés et l'étude de la psychologie des relations humaines. Ce phénomène a été mal compris. Lorsqu'on a constaté que les gens prenaient tant de soin de leur corps et de leur image en public, on a parlé d'adoration du corps, de narcissisme, d'hédonisme ; en réalité, aucune libération frénétique n'est à l'œuvre, ni une expansion de soi, ni un excès d'auto-complaisance, mais, tout au contraire, un processus de maîtrise, de discipline et d'intellectualisation du corps.

16

VULGARITÉ

Il arrive qu'un pays traverse des périodes, comme saisi d'une folie de changement. Le passé paraît n'avoir plus aucune valeur. Il n'est question que de notions idéales ; on vit dans l'avenir. Ce sont des périodes utopiques, fanatiques, comme l'a été celle qui, en Italie, s'est déroulée de 1967 à 1975. D'autres époques, en revanche, voient dominer le matérialisme. On ne croit plus en l'avenir ou en un idéal, on se veut cynique et on ne voit plus, dans les choses, que leur aspect prosaïque et vulgaire. Il en est ainsi de l'époque actuelle.

Le danger qui menace les sociétés dominées par l'utopie est le fanatisme, et nous avons pu le constater en Italie. Les étudiants qui se réunissaient pour combattre l'autoritarisme ont donné naissance, en quelques mois, à des soviets tyranniques. Les ouvriers qui, à l'automne 1969, avaient tenté de reconstruire le système de production ont finalement favorisé la dictature des syndicats. Quant aux intellectuels, ils se sont abîmés dans l'idéologie. Mais la vie n'est pas moins frustrante lorsque les gens ne se soucient plus que de s'enrichir et que les politiciens ne pensent qu'au pouvoir. Le danger n'est pas alors le fanatisme, mais l'étroitesse d'esprit et la vulgarité. Ceux qui ne croient en rien se dessèchent, et leur sécheresse de cœur contamine bientôt leur esprit. Ils perdent la faculté de comprendre la différence entre ce qui est mesquin et ce qui est d'un niveau élevé. Ils ne perçoivent plus ni la profondeur ni la superficialité des choses. Ils finissent par tout ravaler au plus bas niveau, et par croire que tout n'est qu'apparence, que tout est éphémère. Ils se croient sages et ne sont que cyniques ; ils se croient forts et ne sont que vulgaires.

La politique des époques grossières ignore les électeurs, comme elle ignore la société. Elle ne parle plus de réformes ou d'améliorations. Son seul enjeu est le pouvoir ; sa seule occupation, les affaires. Elle ne se donne plus le mal de regarder autour d'elle. Elle ne recherche pas, elle ne pense plus.

Le journaliste de ces époques ne fait plus l'effort de mener des enquêtes méticuleuses et rigoureuses. À partir de quelque interview bricolée, il récupère, il arrange à sa façon, et invente ce qu'il veut. Il ne lit plus les livres dont il est censé faire la critique : il parcourt celles des autres en vitesse et s'en inspire platement.

Les metteurs en scène de cinéma perdent toute créativité et se convainquent que le cinéma est mort, alors que ce sont leur cœur et leur esprit qui sont morts. Quel que soit le sujet qu'ils traitent, leur tendance est de le réduire. L'amour devient du sexe puis, très vite, de la pornographie.

La créativité est faite d'attention et de respect pour les petits faits de la vie. Jenner découvrit la vaccination en observant que les vachers qui trayaient les bêtes atteintes de vaccine ne contractaient pas cette version humaine qu'est la variole. Fleming découvrit la pénicilline en notant que des microbes se décomposaient au voisinage d'une moisissure. Durant toute sa vie, Freud ne fit qu'examiner de petits événements, tels que les lapsus et les rêves, sous l'œil méprisant de ses contemporains. Il suffit de relire une tragédie de Shakespeare pour s'apercevoir du soin que l'auteur prenait des plus petits mouvements de l'âme humaine et du comportement. Plus loin encore dans le temps, si nous lisons les dialogues de Platon, nous sommes surpris par la finesse de ses analyses et par le regard incroyablement aigu qu'il posa sur les choses.

Ceux qui vivent dans une époque grossière, en revanche, n'ont pas le temps de raffiner. Ils n'ont pas le temps de se pencher sur des subtilités, de voir, véritablement. Ils veulent aller vite. Ils veulent le succès, tout de suite, sans jamais se demander s'ils y ont droit. Ils n'éprouvent pas le besoin de bien faire les choses. Ils en arrivent même à haïr ceux qui s'y efforcent.

Nous faisons preuve d'une trop grande indulgence pour ceux qui sont vulgaires, grossiers. Nous justifions leur conduite. Si quelqu'un agit en dépit du bon sens, nous avons tendance à penser qu'il ne l'a pas fait exprès, qu'il n'a pas eu le temps, ou qu'il manquait de compétence. Nous devrions, au contraire, nous demander s'il ne l'a pas fait sciemment. Si une femme de ménage insatisfaite casse les assiettes, ce n'est pas parce qu'elle ne sait pas faire la vaisselle ; c'est que sa colère l'entraîne à laisser échapper les assiettes entre ses doigts, à les manipuler avec des gestes violents. Les gens superficiels, vulgaires, grossiers, méprisent ce qu'ils font, et c'est pourquoi ils le font mal. Le critique qui éreinte une œuvre de choix en perçoit bel et bien la valeur, mais il refuse de lui conférer de l'importance.

C'est pourquoi, aux époques grossières, il est si difficile de bien travailler, de suivre sa vocation, d'être respecté pour son sérieux. Les grossiers et les vulgaires salissent tout et rabaissent tout à leur niveau. Ils veulent englober dans le néant de leur esprit toute chose autour d'eux.

17

LANGAGE GROSSIER

Certaines personnes emploient des mots grossiers à tout propos et de même, dans certains milieux, il est courant de dire des obscénités. En revanche, cette pratique est bannie d'autres milieux et d'autres groupes sociaux. Pourquoi ?

Le mot obscène, comme le juron, est une manifestation d'agressivité, une décharge de violence qui passe par le langage. L'enfant apprend à dire des grossièretés avec ses camarades pour prouver son indépendance vis-à-vis du monde des adultes et sa révolte contre leur ordre. L'explosion des insultes et des obscénités du mouvement étudiant, en 1968, n'a pas eu d'autre signification. Elle a contesté la norme, prouvé qu'on n'obéissait plus aux adultes, aux enseignants et aux autorités de l'État. Un adulte qui participait à une assemblée étudiante en restait stupéfait et déconcerté. Comment parler un langage normal dans un entourage où, au détour de chaque phrase, survient une insulte ou une insanité ? On paraît ridicule et absurdement « comme il faut ». Et si l'on s'y conforme, cela signifie qu'on se situe du même côté, qu'on endosse l'uniforme. Dans les assemblées du mouvement de Mai, le langage servait à établir la différence entre ses participants et les autres, à fonder le groupe comme entité distincte, dotée d'une identité propre.

Tous les groupes, comme toutes les professions, ont un langage spécifique : les médecins, les avocats, les notaires, les psychanalystes, les ingénieurs, les critiques d'art, les architectes ; un langage volontairement incompréhensible pour les étrangers, car chargé de servir à la communication interne et à préserver les différences. Telle est la raison de l'irritation de ces spécialistes lorsqu'un des leurs écrit dans un langage universel (la langue) et non pas dans le jargon consacré. C'est comme s'il trahissait. Mais le langage « obscène » n'est pas un jargon consacré. Le jargon veut exprimer des idées avec précision et mettre en évidence des différences subtiles. Il n'appauvrit pas la langue ; il lui est parallèle. En revanche, le langage grossier détruit la langue ; il la dégrade. Prenons l'exemple d'une personne en colère : plutôt que d'expliquer clairement ses raisons, d'argumenter pour convaincre, elle se met à hurler et à jurer ; elle perd le contrôle de sa pensée et du langage articulé ; elle devient comme aphasique. Les « obscénités » et les « jurons » prennent le dessus. La partie la plus évoluée et la plus rationnelle du cerveau est paralysée ; seuls fonctionnent les centres les plus archaïques, ceux qui libèrent les tensions primitives. Les jurons et les obscénités ne sont pas des mots ; ce sont des hurlements, des rugissements, des grognements, des braiments : les correspondants humains des sons du règne animal.

Nous le comprenons sans peine en présence d'un individu qui est sorti de ses gonds, mais c'est plus difficile lorsque l'on a affaire à un groupe de gens, s'exprimant par des mots vulgaires et des obscénités, et qui ont cessé de faire fonctionner leur cerveau. Nous le comprenons mieux si nous observons avec attention les lieux dans lesquels ils vivent et travaillent. Ce sont des lieux de travail dégradés sur le plan matériel et professionnel, des bureaux où il n'y a pas grand-chose à faire, où les gens ont été embauchés sur recommandation, et non pas pour leur mérite, où la possibilité de faire carrière est nulle, et où les motivations font défaut. Ce sont des lieux où l'on passe son temps à attendre, à s'ennuyer, à bavarder, à raconter ses histoires personnelles, à jouer aux cartes, à se faire les ongles, à parler de sexe, à manger, à se tourner les pouces. On fait tout devant tout le monde ; la frontière entre nourriture, soins corporels et travail disparaît. Le lieu de travail est devenu un monde à part, une sorte de prison. La civilisation naît de la différenciation, de la séparation, de l'organisation et de l'harmonie, mais lorsque ces différences s'estompent, lorsque tout redevient équivalent, c'est le retour à la horde primitive. Le lieu redevient la caverne où hommes et bêtes vivent ensemble dans la saleté.

Il n'est alors plus nécessaire d'avoir un langage pour exprimer des idées et désigner des objets avec précision. Il suffit d'un geste, d'un mot « fourre-tout », comme : « ce truc », ou de l'expression triviale : « Va te faire foutre ! » Le langage vulgairement ordinaire nivelle et détruit les différences. Par sa violence, il dévalue ce qui est délicat, raffiné, nuancé, ce qui est intelligent. Il transforme toute chose en ordure mais, en même temps, il cimente le groupe contre toute intrusion. Si quelqu'un pénètre dans un lieu de travail dégradé, le ton monte, les agressions verbales se multiplient dans le seul but de décourager l'intrus, de le renvoyer. Les adolescents agissent de même dans leur bande. Les étudiants en 1968 se sont comportés ainsi dans leurs assemblées, pour en chasser adultes et professeurs.

Il faut ajouter que, dans ces milieux dégradés, le langage n'est pas utilisé dans le but de se changer soi-même ou de changer le monde ; il n'est là que pour préserver la paresse du groupe, sa vie végétative, où il n'est pas question de se fatiguer à penser et à articuler un langage. La violence n'est pas tournée vers un idéal ; elle n'exprime que la mauvaise humeur et le ressentiment de personnes frustrées, refusant tout changement.

Ce lien étroit entre paresse, stupidité, saleté, langage vulgaire et violence est très fréquent. Nous avons beau nous efforcer de le cacher et faire semblant, il nous saute aux yeux. Il suffit parfois de pousser la porte d'un bureau pour se sentir assailli par cette agressivité. Il suffit parfois du geste vulgaire d'un fonctionnaire qui, jusque-là, avait gardé son contrôle pour que se révèle sa misère humaine et professionnelle. Il suffit parfois de voir l'état de désordre et d'abandon d'une institution pour comprendre que rien ne va plus, et qu'il ne faut rien en attendre.

18

MÉDISANCE

Il m'arrive de temps en temps de recevoir une lettre dans laquelle un lecteur me fait part de sa découverte : je me suis mis en contradiction avec moi-même. Comment, m'écrit-on un jour, vous soutenez qu'il faut admirer les Américains car ils analysent la vie privée de leurs hommes politiques et passent au crible leurs qualités humaines, et un autre jour vous dites qu'ils sont belliqueux et nationalistes ! Un jour vous en dites du bien, un autre jour du mal ! Et ne parlons pas des hommes et des femmes. Tantôt vous soutenez que les femmes s'identifient à leur maison, tantôt qu'elles sont plus précises et plus méticuleuses que les hommes sur le plan professionnel. Mais de quel côté êtes-vous donc ? Du côté des hommes ou du côté des femmes ?

J'évoque ces questions pour mettre en évidence ce que je considère comme une véritable distorsion de notre rapport à la réalité sociale. Au lieu de nous demander comment sont exactement les choses, au lieu de chercher à comprendre la réalité dans toute sa complexité, nous voulons la simplifier.

Ou les Américains sont admirables en tout, ou ils sont condamnables en tout. Dans la mesure où leur système politique est plus transparent que le nôtre, et leur système fiscal plus juste, il faut qu'ils soient plus pacifistes, plus tolérants ; les films de Stallone, de *Rambo* à *Rocky* en passant par *Cobra*, devraient être des œuvres exemplaires pour leur objectivité et leur humanité. Or cela n'est pas le cas. Car un système social comme le système américain est extrêmement complexe, et nous devons nous contenter, à chaque fois, d'une exploration partielle ; ce qui néanmoins produit une vision de plus en plus complète.

De même, les comportements masculins et féminins sont les composites de mille facettes qui existent simultanément et que l'on doit reconnaître en toute objectivité. Les femmes ne sont pas plus ou moins intelligentes que les hommes. Elles ont développé, dans nos sociétés, en rapport avec leur passé, un type de comportement et une certaine sensibilité. De leur côté, les hommes en ont fait autant. Mais c'est un non-sens de dire que les femmes sont meilleures que les hommes, de même que c'est un non-sens de dire que les hommes valent mieux que les femmes.

Ceux qui schématisent ainsi ne sont pas concernés par la connaissance de l'autre, mais par l'action. Ils ne recherchent pas la vérité mais veulent savoir dans quel camp se ranger. Et même, très souvent, ils se situent a priori dans un camp et n'attendent que des preuves pour justifier leur choix. Leur attitude n'est pas scientifique mais idéologique. Si on leur objecte une affirmation qui va contre leurs idées toutes faites, contre ce qu'ils veulent s'entendre dire, ils ne prennent pas la peine de l'examiner et ils se retournent contre celui qui les en a informés. Comme l'amoureux qui se vexe parce qu'on lui montre un petit défaut de celle qu'il aime ; ou comme le raciste qui devient furieux si on souligne les qualités de ceux qu'il hait. « L'homme de l'idéologie » refuse de savoir. Ce qu'il veut, c'est une approbation de son point de vue et une condamnation de son adversaire. Il ne cherche que la confirmation de ce qu'il sait déjà.

Au cours de ces dernières années, il a été largement question du déclin, voire de la disparition de l'idéologie. Il ne fait pas de doute que les idéologies politiques traditionnelles, et en particulier le marxisme, ont connu un déclin. Mais cela ne veut pas dire que le mode de penser idéologique ait disparu. Il s'est simplement réfugié dans la vie quotidienne. Le fanatisme a quitté la rue pour réapparaître dans les relations entre les gens. L'intolérance a déserté les manifestations de rue pour aviver la haine et l'envie entre les individus.

Prenons l'exemple d'un homme et d'une femme qui, quelques années auparavant, vivaient ensemble et se portaient une estime réciproque. Aujourd'hui, ils se sont séparés, et chacun fait de l'autre un monstre. Chacun est prêt à jurer que l'autre s'est toujours comporté comme tel, ignoble et répugnant. L'un et l'autre se sont si totalement abandonnés à la haine qu'ils ont perdu tout souvenir du passé. Ils ne peuvent ni ne veulent plus éprouver les sentiments de naguère. Ils ont choisi d'oublier, de ne pas savoir. Ils ne cherchent plus qu'à découvrir de nouvelles preuves à l'appui de leur défense. La pensée idéologique est toujours *contre* quelqu'un. Elle est toujours un instrument de violence. Elle en est imprégnée, empoisonnée. Sa parenté avec la violence paraît dans le vocabulaire : dur, méprisant, grossier, vulgaire, plein de colère. Une analyse attentive nous montrerait qu'un certain journalisme, apparemment intéressé par des futilités qui n'ont rien de politique, relève, en réalité, d'une idéologie de violence.

Dans les années soixante, les jeunes se proclamaient pacifistes, anti-autoritaires et non violents. Mais la façon même dont ils s'exprimaient révélait leur violence souterraine; cette violence qui, des années plus tard, allait engendrer le terrorisme. Aujourd'hui, la violence idéologique et l'intolérance se manifestent plutôt dans l'hypocrisie, la médisance, la calomnie, les insinuations. L'idéologie est devenue personnelle, elle s'est transformée en commérages malveillants.

19

INGRATITUDE

Avant de parler de l'expulsion, je voudrais éclaircir deux choses : la première est que je ne prends pas la défense des professions libérales, des commerçants et des artisans qui réclament des délais pour les loyers bloqués, pour la bonne raison qu'ils veulent débourser le moins d'argent possible. Leur attitude est dictée par le seul intérêt financier. Le reste n'est que fable. Lorsqu'ils disent, par exemple, qu'ils ne trouvent aucun bureau ou commerce en location, ils mentent : les villes en sont pleines. Le second point concerne les familles nombreuses et réellement pauvres. Personne n'en veut car elles n'ont pas l'argent pour payer une location au prix du marché. Pour elles, l'expulsion est une véritable catastrophe, à laquelle elles sont dans l'impossibilité de trouver remède. Ces familles ont besoin de l'aide publique.

Mais il existe une large zone intermédiaire où les choses ne sont pas si claires. Dans de nombreux cas, les gens savent qu'ils paient un loyer dérisoire. Ils ont les moyens de payer davantage mais ils profitent de la situation autant qu'ils peuvent. Ils savent qu'ils seront obligés de s'en aller un jour ou l'autre, mais ils ne s'en soucient pas. Ils ne veulent pas y penser. Ils attendent un nouveau délai accordé par le gouvernement. Certains sont propriétaires d'une maison plus petite que leur logement en location, aussi restent-ils le plus longtemps possible dans ce grand lieu d'habitation qui leur coûte moins cher. Dans ces situations, l'expulsion ne devrait être ni une calamité ni une tragédie. Si l'on s'y prépare en temps voulu, avec un peu de patience et quelques sacrifices, il serait facile d'y remédier. Néanmoins, dans ce cas, comme dans le précédent, l'expulsion est ressentie comme un acte profondément injuste, comme une offense odieuse, comme un abus.

Nous nous trouvons là devant un drame plus psychologique qu'économique. Avec l'expulsion, nous nous sentons « chassés de la maison », du lieu que nous aimons et dont nous avons pris grand soin. Nous nous sentons relégués, exilés d'un territoire qui nous appartenait et auquel nous appartenions. Notre réaction ne relève en rien des bonnes raisons de la justice et du droit.

Tant il est vrai qu'elle se produit même dans les cas où quelqu'un ne paie pas de loyer, lorsqu'il est hébergé gratuitement. Une personne de ma connaissance avait ainsi des amis riches et généreux qui, en attendant de vendre une très belle maison dans un immense parc, lui avaient permis de l'habiter pendant deux ans, gratuitement. Les vieux domestiques s'étaient mis à sa disposition, et il avait pu vivre sur un grand pied sans débourser un sou. Lorsque ses amis lui annoncèrent qu'ils avaient réussi à vendre leur propriété, il fit une véritable crise. Sa raison lui disait qu'il avait tort, qu'il aurait dû se montrer reconnaissant pour ce qu'il avait reçu sans rien donner en échange ; mais, au contraire, il se sentait lésé, comme si l'on s'emparait de son bien. Il se mit à faire des discours sur l'avidité des riches, puis sombra dans une profonde dépression.

Je me suis dit plus d'une fois qu'il eût été préférable qu'il eût dû payer un loyer — et même un loyer cher — pour lui rappeler que la propriété ne lui appartenait pas. Chaque fois qu'il aurait eu à s'en acquitter, il se serait demandé s'il devait rester ou partir. Le propriétaire n'aurait pas eu besoin de le menacer d'expulsion. Le « locataire » aurait été tenté de s'expulser de lui-même ; et dans ce cas, l'expulsion ne produit aucun traumatisme. Le prix du loyer peut même permettre, dans plus d'un cas, de trouver mieux. Dans une société où le marché est actif, l'expulsion ne se pose pas en termes de problème, sauf pour ceux qui sont dans le besoin et que j'ai évoqués plus haut.

Paradoxalement, le traumatisme le plus grave se produit lorsqu'il s'agit d'un logement au loyer très bas, ou occupé gracieusement, accordé tel un cadeau, comme dans le cas évoqué ici et où la personne fit preuve d'une incroyable ingratitude. Dans ces cas-là, les occupants de l'appartement n'ont nul choix à faire. Ils ne sont pas obligés de se demander, chaque fois, s'ils veulent vraiment rester et si cela en vaut la peine. Ils deviennent passifs. Ils prennent l'habitude. Et ils finissent, inconsciemment, par se comporter comme si la maison était à eux. Un peu comme lors d'un prêt consenti par un ami.

Si c'est la banque qui nous prête de l'argent avec un intérêt élevé, à chaque paiement des intérêts, nous envisageons de rendre l'argent. Il est certain que, dans notre inconscient, nous ne jugeons pas que cette somme nous appartient. Si, en revanche, c'est un ami qui nous a prêté une somme identique sans intérêt, nous sommes enclins à en différer le remboursement. Et si celui-ci insiste pour la récupérer, nous sommes tout prêt à le juger impoli. Un vieil adage suggère qu'il faut être prudent lorsqu'on prête à ses amis, sans doute en raison de ce mécanisme qui nous porte à considérer comme nous appartenant tout ce que nous n'avons pas à payer.

20

LE CHIEN ET L'HOMME EN GUENILLES

Un proverbe napolitain dit que « le chien attaque toujours celui qui a des pantalons déchirés ». Ce proverbe n'est pas dénué de fondement. On sait que les chiens, et même les petits chiens bien élevés de nos grandes villes, aboient férocement à la vue d'une personne vêtue de haillons, en particulier s'ils sont de couleur sombre. Et les plus mauvais roquets ne sont pas les plus gros. Peut-être est-ce parce que les guenilles s'agitent à hauteur de leur museau, et qu'ils ne voient pas autre chose. Curieusement, les chiens savent deviner quand une personne est affaiblie, ils flairent qu'elle est malade, qu'elle n'est pas sûre d'elle. Tant qu'elle était forte et assurée, ils se tenaient tranquilles ; mais à présent ils veulent mordre. Un tiers doit intervenir pour les menacer et les chasser. À moins que ce ne soit la victime elle-même qui, quoique affaiblie, doive manifester un sursaut d'énergie pour leur faire peur.

Le proverbe napolitain ne fait pas seulement référence aux chiens. Il évoque, plus généralement, cette méchanceté sournoise de l'âme qui conduit les humains à frapper les faibles. Il est vrai que nous avons tendance à nous montrer, sinon serviles, du moins respectueux envers les puissants. On trouve rarement le courage de s'opposer ouvertement à une personnalité reconnue. On est presque toujours aimable et plein de déférence à son égard. Ensuite, on se soulage derrière son dos en laissant libre cours à sa hargne. Non pas que, en sa présence, on ronge son frein et l'on se retienne d'exploser. Souvent, on est véritablement sous le charme, on éprouve de l'admiration pour elle et l'on est fier de lui parler. L'agressivité, le ressentiment et la haine n'éclatent que lorsque la personne en question est hors de vue.

Tous ceux qui ont accès à la fortune, au pouvoir ou au succès sont conscients du fait qu'ils n'ont guère d'amis sincères. Ils savent également que nombre de leurs admirateurs ne font, en réalité, que se conformer à l'opinion générale, et qu'ils sont prêts à les abandonner à la première calomnie.

Lorsqu'une personne se trouve affaiblie, l'agressivité latente des gens se manifeste tout à coup. La fragilité semble attirer les méchants. Peut-être est-ce même la faiblesse qui stimule et exalte les pulsions mauvaises cachées au plus profond de l'âme humaine.

La pitié, la véritable pitié est une vertu des plus rares. Nous donnons presque toujours le nom de pitié à ce qui n'est, en réalité, qu'un mouvement de commisération. Le voleur plaint celui qu'il vole, et le bourreau, souvent, plaint sa victime. Seuls les bons, les généreux peuvent éprouver la véritable pitié, qui est une manifestation de l'amour. Nous ne la ressentons qu'envers ceux que nous aimons profondément.

Qui se trouve affaibli et frappé par le sort ne peut compter sur la pitié des autres. Si, lorsqu'il a été accusé, Enzo Tortora* était resté passif, il aurait été anéanti. Il

* Présentateur de télévision très populaire, accusé de trafic de drogue dans les années quatre-vingt, qui mit tout en œuvre pour sa défense.

a gagné parce qu'il s'est battu avec tous les moyens à sa disposition, sans se ménager, sans jamais se rendre. Une telle attitude ne se tient pas facilement. Spontanément, les difficultés nous font baisser la tête et plier les bras. Face aux offenses physiques et morales, notre réaction naturelle est de nous replier sur nous-mêmes, de nous terrer dans un coin, d'attendre passivement que la tempête s'apaise et de compter sur la bienveillance d'autrui.

Les gens qui n'ont que de faibles opportunités dans la vie, en particulier ceux qui viennent des régions les plus pauvres, ont tendance à développer un profond pessimisme : ils se méfient d'eux-mêmes et des autres, et se préparent ainsi à l'échec. En disant qu'ils n'y arriveront jamais, qu'il n'y a rien à faire, que tout est joué d'avance, ils évitent la déception de l'insuccès, en même temps qu'ils le rendent inévitable.

Le pessimisme, la défiance, le cynisme sont des mécanismes psychologiques de défense, qui affaiblissent l'individu dans ses rapports avec le monde extérieur. Lorsque nous sommes à la recherche d'un jeune pour lui donner du travail, nous le voulons énergique et enthousiaste, capable de s'engager à fond, plein de courage et de confiance. Or, très souvent, les jeunes qui viennent des régions les plus pauvres n'ont aucune confiance en eux. Ils ne croient pas pouvoir réussir et c'est ainsi qu'ils laissent passer les opportunités qui s'offrent à eux. Les Américains ont toujours vu d'un mauvais œil le pessimisme européen et la défiance de nos pays envers leurs propres capacités. La société américaine a grandi avec la conviction que, si un homme a le courage de rêver et de désirer quelque chose, il parviendra à le réaliser.

Le chien n'hésite pas à mordre le malheureux. Les Napolitains ont raison avec leur proverbe, mais on peut en tirer un double enseignement. Il peut nous induire soit à la passivité, soit à l'activité. Il peut nous pousser à constater amèrement que la nature humaine est mauvaise, que l'injustice dans le monde appelle l'injustice, que la faiblesse attire la méchanceté comme le paratonnerre la foudre, et que, par conséquent, il n'y a rien à faire. Nombreux sont ceux qui tombent dans cette attitude, sans cesser de se lamenter, de gémir et de se plaindre ; c'est ainsi qu'ils deviennent de plus en plus faibles. Comme s'ils déchiraient leurs vêtements de leurs propres mains. Mais il y a une autre voie : celle qui nous conduit à réagir. Nul ne peut éviter la malchance sur le plan économique ; de même, nul ne peut éviter la maladie ; mais chacun peut conserver sa dignité, résister. Il n'est pas rare de voir des gens se battre avec la dernière énergie contre de terribles infirmités, de terribles pertes, de terribles maladies, avec leur seule force d'âme, et mener une vie active et créative. La pauvreté économique peut même être mise en échec si l'on sait tirer de soi la force d'agir ; si l'on essaie, et si l'on essaie encore.

Le sociologue Paul Keskhemeti disait que la reddition est un service que le vaincu rend au vainqueur. Dans la vie, il ne faut jamais se rendre.

IV

L'INDIVIDU ET L'ENTREPRISE

21

SOLIDARITÉ ET SUCCÈS

Les sociétés, comme les individus, veulent conserver leur identité au fil du temps. Les unes et les autres veulent pouvoir dire « nous » et « je ». Mais il existe deux façons de se forger une identité, qui sont radicalement opposées : la première est statique et la seconde dynamique ; celle-ci est fondée sur l'immobilité, celle-là sur le changement. Il existe des sociétés, des nations, des organisations, des entreprises, des personnalités fondées sur l'immobilisme. D'autres fondées sur le dynamisme. Les unes et les autres peuvent être solides, peuvent durer, grâce à des principes en tout point opposés, et que l'on peut comparer, par analogie, à une chaise et à une bicyclette. Ces deux objets ressortissent à un plan vertical, mais la chaise est statique, et la bicyclette mobile.

Les nations européennes, leurs organismes d'État, de même que de nombreuses entreprises, sont de type statique. L'URSS est de type statique, ainsi que l'Église catholique, le parti communiste et la SNCF. Les États-Unis, en revanche, représentent une nation dynamique, de même que de très nombreuses entreprises américaines, européennes, qui œuvrent dans les domaines les plus novateurs, de l'électronique à la mode.

Lorsque l'on pense à la difficulté de l'intégration dans l'Europe des différents pays qui la constituent, on a tendance à ne pas tenir compte du fait que l'identité nationale de la France, de l'Angleterre, de l'Italie ou de l'Allemagne est fondée sur la terreur du changement. On peut comparer les nations européennes à un individu qui aurait mis toutes ses économies dans la construction d'une très belle maison, après avoir décidé d'y passer le restant de ses jours. Cet homme s'est identifié à sa maison ; elle est devenue partie intégrante de sa personnalité. C'est pourquoi il n'éprouve pas le besoin de la changer ni de la rénover. Le monde change autour de lui, sa maison vieillit, mais il ne s'en aperçoit pas. Il s'habitue peu à peu aux lézardes et aux taches d'humidité. La simple idée de renouveler le mobilier lui brise le cœur car, s'il s'y risquait, il ne serait plus ce qu'il est.

Dans les entreprises fondées sur l'immobilité, on craint le moindre changement. Lorsque arrive un nouveau directeur, ou un consultant extérieur, on multiplie les entraves, on fait échouer toutes ses tentatives, jusqu'à ce qu'il devienne immobile à son tour, ou qu'il s'en aille. Ce genre d'entreprises, dans le système capitaliste, est condamné à la faillite, mais personne ne lève le petit doigt pour l'éviter, car personne ne se soucie de l'entreprise ; chacun ne se préoccupe que de soi. La solidarité n'existe pas : n'existe qu'une coalition d'égoïsmes. Chacun reste avec les autres pour se sauver soi-même. Lorsque la firme décline, on ne cherche qu'à être le dernier à perdre son poste.

Tandis que les sociétés statiques sont fondées sur l'égoïsme, la peur et l'étroitesse d'esprit, les sociétés dynamiques sont fondées sur le courage, l'ouverture de vues et le dévouement. L'individu ne pense pas à lui mais à l'entreprise, à la collectivité, et il se donne sans compter, il se dépense. Ses collègues ne le considèrent pas comme un imbécile ou un naïf, car tous se dépensent et se donnent de la même façon. La force de certains pays, comme les États-Unis ou le Japon, est fondée sur cette profonde générosité sociale que les Américains désignent sous le terme *commitment*.

En Europe, on confond souvent la générosité sociale avec la bonté, la pitié, la charité ou la tolérance. L'engagement collectif est parfaitement compatible avec la compétition et le succès personnel. Le président Pertini a été, parmi les hommes politiques italiens, le seul à être doté de cette rare qualité. Il n'était pas tolérant, il n'était pas indulgent, il ne pardonnait pas à la canaille, mais il se donnait totalement. Il était âgé mais il ne se ménageait pas, se précipitant partout où se posait un problème. Il pouvait passer des jours et des nuits à veiller un ami malade ou un enfant mourant, sans jamais donner un signe de fatigue ou de fléchissement.

La véritable solidarité ne se rencontre que dans les entreprises dynamiques, car l'individu y est prêt à accepter les autres, à collaborer avec eux, à changer pour améliorer les choses. Il n'est pas acharné à défendre sa fonction, dans la hantise qu'on lui demande d'en faire plus ou de faire autre chose. Il ne défend pas ses habitudes et trouve absurde que les autres défendent les leurs. C'est pourquoi il est à la fois plus généreux et plus sévère, plus altruiste et moins tolérant avec les incapables, les paresseux et les passifs.

Il n'y a pas d'avenir pour les entreprises statiques. On n'y parle que du passé ; on vit dans l'espoir que le présent continue, inchangé ; on n'a aucune perspective.

Profondément, les gens ont perdu confiance. Ils ne croient pas en leur capacité à modifier le monde. Ils ne croient pas à l'entreprise dans laquelle ils vivent. Ils ne retirent aucune fierté de leur société. Ils n'ont pas l'esprit de corps. Ils ne sont tenus que par l'habitude et la peur. Ils survivent.

Les entreprises dynamiques, elles, vivent pour l'avenir, et elles ont un passé. Comme ceux qui gagnent. Seuls, les gagnants se souviennent volontiers de l'époque où ils étaient pauvres, où ils n'avaient rien à manger, où ils risquaient tout, où ils travaillaient comme des fous. En revanche, ceux qui sont dans l'échec refusent d'évoquer leurs débuts ; ils en ont horreur. De la même façon, dans une entreprise dynamique, on se rappelle avec plaisir des débuts difficiles, les efforts, les luttes et les sacrifices. Et les erreurs aussi. C'est parce que la victoire est venue ensuite et, surtout, parce qu'il reste l'avenir à réaliser.

Dans les entreprises dynamiques se développe une fierté liée au fait que l'on appartient à l'entreprise. Quelle que soit son activité, chacun se sent participer à une œuvre collective et capable de modifier son monde. La peur qui paralyse les hommes des sociétés statiques naît d'un sentiment d'impuissance. Pour eux, la réalité est extérieure, elle existe en elle-même, c'est une ennemie. En revanche, ceux qui agissent de façon dynamique savent la maîtriser. Ils forment des projets et cherchent les moyens de les mener à bien. Ils sont convaincus qu'ils peuvent vaincre les obstacles. Ils savent qu'il n'y a pas d'obstacles qui ne puissent, à la fin, être vaincus.

Telle est l'origine de l'optimisme américain par rapport au pessimisme européen. C'est une façon différente de se penser soi-même et de penser le monde. Les

Américains, et tous les dynamiques, savent qu'ils peuvent évoluer, qu'ils peuvent laisser leur passé derrière eux, et qu'ils peuvent réaliser leur rêve. Leur engagement est un engagement moral : ils se sentent tenus de le faire. Ceux qui, au contraire, subissent passivement le monde, ne savent pas renoncer au passé, ne s'engagent pas, ne se donnent ni ne se dépensent. Ce sont des êtres paresseux, mesquins, peu estimables. Ils n'obtiendront jamais rien et ne savent que se plaindre.

La culture dynamique est une culture de la volonté et de l'action. La culture statique est une culture de l'inertie et de la revendication. La première est mue par l'ambition, la seconde par le ressentiment. La première conduit au succès, la seconde à la décadence et à la ruine.

22

POUR CONSERVER LE POUVOIR

L'imagerie populaire voit dans le personnage du sultan ou du pacha le modèle d'une vie tranquille et heureuse. Il a tous les pouvoirs, il vit dans un palais splendide entouré de jardins, il passe son temps à admirer des danseuses ou se prélasse dans son harem. La nuit, comme le calife 'abbasside Harun al-Rachid, il sort incognito pour se mêler au peuple et vivre de nouvelles aventures. Nul ne le menace et il n'a aucun problème à résoudre. Dans la réalité historique, en revanche, son pouvoir a toujours été des plus précaires. Le droit islamique ne prévoyait pas la succession du fils aîné, aussi était-elle souvent décidée à l'issue d'une guerre civile dans laquelle s'affrontaient les frères rivaux prétendant au trône. Après s'être emparé du pouvoir, le souverain devait le défendre contre les intrigues de palais et les ennemis extérieurs.

Le pouvoir n'est pas un état de fait, acquis une fois pour toutes. Il est sans cesse à reconquérir. Et cela vaut pour tous les types de régime politique. Les modalités de la conquête ne sont pas les mêmes, pas plus que les menaces qui pèsent sur lui et les instruments pour le conserver. Dans les régimes traditionnels, où le pouvoir est essentiellement fondé sur la force militaire, ces instruments sont avant tout la guerre à l'extérieur et la répression à l'intérieur. Le pouvoir des empereurs romains, comme celui des califes, des sultans et des rois féodaux, se maintenait de cette manière. Comme le pouvoir acquis au terme d'une révolution. Car une révolution est toujours en même temps une guerre civile, et cette violence se prolonge soit sous forme de guerre (cf. Napoléon ou Khomeiny), soit sous forme de répression sanguinaire (cf. Staline), soit encore des deux manières (cf. Hitler).

Dans les régimes démocratiques, le pouvoir est acquis par la mobilisation politique, la propagande, la persuasion et la manipulation. Mais les dangers qui le guettent sont du même ordre. Nous en avons eu un exemple récemment : le président Reagan était au sommet de sa gloire et de sa popularité lorsqu'on découvrit qu'il avait autorisé la vente d'armes à l'Iran à l'insu du Congrès. Dans la vie publique américaine, il n'est pas de faute plus grave que celle de ne pas dire la vérité, ou de taire quelque chose qu'on aurait dû dire. En quelques jours, Reagan a été mis en pièces par la presse américaine en fureur. Il a frôlé le sort qui fut réservé à Richard Nixon.

Il ne faut pas pour autant en conclure que le pouvoir du président d'une démocratie est plus fragile que celui d'un despote oriental ou d'un dictateur. Les dangers qui le menacent sont simplement différents, ainsi que les dilemmes qu'il a à résoudre. Un président américain, en particulier, se trouve constamment dans la situation de se demander comment mener une politique extérieure requérant le secret, tout en respectant la nécessité de tout dire, toujours. La précarité du pouvoir n'existe pas seulement dans le monde politique. Elle existe aussi dans la vie économique et personnelle. Là encore, l'imagination populaire est sujette à la même illusion de stabilité évoquée ci-dessus, et voit le grand financier comme un monsieur qui vit dans une maison luxueuse, passe de longues vacances sur son yacht, s'entoure de maîtresses jeunes et belles et dicte quelques ordres hâtifs à une équipe d'adjoints diligents.

On a, de même, tendance à croire que l'acteur occupe tout son temps à se divertir, passant d'une soirée de gala à une autre, et d'une aventure à l'autre. La réalité est différente. Le grand financier, le grand entrepreneur sont totalement absorbés par leur travail. Très souvent, ils ne prennent pas de vacances car ils ne peuvent abandonner à des mains étrangères certains projets à risques. Les grands acteurs sont à tout instant contraints de franchir des obstacles de toutes sortes. Les écrivains sont absorbés par leur activité créatrice, laquelle ne s'arrête pas à une heure fixe le soir, ou avec le week-end.

En réalité, il n'existe aucune activité humaine à laquelle nous puissions nous livrer sereinement, par habitude. Même les activités les plus élémentaires — faire des études, passer des examens, chercher du travail, monter une petite entreprise — requièrent une attention et un esprit d'ouverture extraordinaires. Les choses ne vont vraiment bien que si nous nous y jetons à corps perdu, que si nous payons de notre personne. Nous ne pouvons pas faire faire aux autres ce que nous ne faisons pas. Lorsque nous voulons atteindre un objectif, nous nous apercevons que les autres, autour de nous, marchent à une vitesse inférieure. Le fonctionnaire nous renvoie d'un guichet à l'autre, nos collaborateurs suivent leur rythme habituel. Il faut alors forcer les résistances, secouer les gens jusqu'à ce que l'immobilisme leur réclame davantage d'efforts que le mouvement. C'est cela, en définitive, le pouvoir : agir en dépassant les difficultés, en évitant les embuscades, en entraînant ceux qui lambinent. C'est le pouvoir du président des États-Unis, et c'est celui de l'artisan.

L'image populaire du calife, du financier ou de l'acteur oisif est semblable au rêve de celui qui joue à la loterie. « Si dix milliards te tombaient dessus, qu'est-ce que tu ferais ? » La réponse est toujours la même : « J'arrêterais de travailler, je ferais le tour du monde, je mènerais la belle vie. » La richesse et le pouvoir comme repos, fin de tous les soucis dans la vie. Le pays des merveilles.

Mais le pays des merveilles n'existe pour personne. Et si le gagnant à la loterie se comportait comme il le dit, il ne tarderait pas à être pauvre à nouveau. Et c'est le cas de tous ceux qui se contentent d'attendre plutôt que de réagir, de tous ceux qui s'endorment plutôt que de rester vigilants.

23

L'ART DE COMMANDER

J'ai éprouvé plus d'une fois l'impression que les grands meneurs d'hommes, chefs de partis, chefs d'Églises ou chefs d'entreprises, avaient en commun une même capacité : celle de transmettre à ceux qui travaillent avec eux la conviction qu'ils participent à une œuvre importante, qu'ils contribuent à construire quelque chose de valeur, méritant qu'on s'y dédie. S'ils font une expérience de ce genre, les gens sont fiers d'appartenir à l'entreprise et prodiguent leur énergie sans se ménager. Plutôt que de défendre leurs intérêts, ils sont prêts à accepter les critiques de leurs supérieurs et de leurs collègues. Leur désir de voir l'entreprise remporter des succès, se développer, est authentique et profond. Et les résultats sont parfois stupéfiants.

Les patrons ne manquent pas qui cherchent à communiquer à leurs collaborateurs cette foi, mais bien peu y parviennent. Car il faut d'abord qu'ils l'aient en eux, profondément. Toute entreprise humaine est animée par l'inspiration. Comme toute œuvre d'art. Si l'inspiration manque, il est impossible de la faire surgir par la seule force de l'action ou de la volonté. Et il est inutile de faire comme si on l'avait : ce ne serait que la mise en scène d'une parodie de l'inspiration, qui génère les chefs super-actifs, agités ou mégalomanes. En réalité, celui qui est véritablement inspiré est souvent hésitant, modeste, car il se sent au service de quelque chose qui est plus important que son orgueil et sa vanité. L'inspiration authentique comporte, en outre, une profonde sérénité ; et le chef sait transmettre aux autres cette confiance sereine, par l'exemple. C'est par l'exemple qu'il parle, qu'il enseigne la fermeté, la disponibilité, la capacité à se donner du mal, à se dépenser.

Dans les entreprises animées par cet esprit, chacun craint de se tromper, tous veulent faire mieux, mais on entend rarement des reproches. Les éloges y sont beaucoup plus fréquents. Il existe, en revanche, des entreprises dans lesquelles nul n'est jamais félicité. Les chefs craignent de paraître faibles s'ils font des compliments ; ils passent, froids et silencieux, l'œil inquisiteur. Ils critiquent, font des reproches, mais ne se laissent jamais aller à une parole d'admiration ou de reconnaissance. Car l'éloge est, avant tout, reconnaissance. Les « bravo ! » signifient : « Je vous suis reconnaissant. Je vous remercie pour ce que vous avez fait. Je reconnais votre contribution à l'œuvre collective. »

Les entreprises sur le déclin ne sont pas, elles non plus, généreuses en félicitations, car elles ne constituent pas une œuvre collective à laquelle contribuer, et nul ne peut parler au nom de tous. Elles sont un amalgame de mille fragments séparés, comme autant de fiefs, et chacun défend son territoire par le dénigrement, la médisance et le subterfuge.

Lorsque, en revanche, l'entreprise sait où elle va, lorsque ceux qui y participent sont convaincus de travailler à une tâche importante, les éloges comme les remerciements sont naturels. Tout le monde peut apprécier l'apport de chacun, et le chef se fait l'écho de la reconnaissance collective. Telle personne est félicitée pour un travail particulièrement bien fait ou pour un plus qu'elle a rapporté à la société. Des félicitations peuvent être aussi adressées à un individu en tant que tel, pour la simple raison qu'il travaille dans l'entreprise. C'est très clair lorsque le chef présente ses collaborateurs à un étranger. En faisant les présentations, il les félicite publiquement. Il suffit d'un adjectif approprié, d'un geste qui vienne signifier que l'entreprise est fière de compter une telle personne dans ses rangs. La valeur de l'activité de la société et son caractère exemplaire se répercutent sur l'individu.

Dans ce type d'entreprises, lorsque le chef doit formuler une critique, il ne le fait jamais en public, mais en privé, car il ne veut pas humilier ses collaborateurs, et, surtout, il ne veut pas alimenter la rivalité et l'envie. Un reproche grave énoncé en public fait exulter l'envieux, attise son envie, la rend contagieuse. L'humiliation publique ne fait pas que déprimer moralement, elle empoisonne l'entreprise, elle instaure le cycle de la vengeance.

Certains chefs se sentent si sûrs et si forts qu'ils administrent devant tout le monde félicitations et reproches. Lorsqu'ils entrent, on cesse de respirer et on baisse la tête dans l'attente des foudres ou des bénédictions. Cette attitude place chacun dans la position de l'enfant face à un maître capricieux ou à un père tyrannique. Elle fait régresser le personnel qui risque ensuite de développer une solidarité complice contre le patron. Cette connivence aura comme conséquence qu'on communiquera à celui-ci des informations déformées ou des données falsifiées, et qu'on lui cachera la réalité. Il est très difficile d'obtenir la confiance des hommes lorsque l'on tient à se placer au premier rang, lorsque l'on met en avant sa vanité et son orgueil.

Le désintérêt n'est pas plus positif. Le chef qui ne s'occupe pas de ses affaires, qui laisse glisser, qui exige peu, qui ne reproche ni ne félicite, n'engendre qu'indifférence et découragement. Ce que souhaitent les gens, c'est un intérêt actif pour l'entreprise et pour les personnes qui y travaillent. Dans ce cas, l'orgueil et même un peu de mégalomanie sont tolérés. Car ils se déplacent de l'individu sur l'œuvre collective, à laquelle chacun peut s'identifier.

Il est vrai que les véritables chefs savent communiquer à leurs collaborateurs la conviction qu'ils font un travail important, qu'ils participent à une œuvre de valeur et qui mérite d'être réalisée. Pour y parvenir, l'homme le plus ambitieux doit, paradoxalement, sacrifier son moi et mettre les autres au premier plan, dans le travail ou à certains moments cruciaux.

24

CEUX QUI NE SAVENT PAS DIRE NON

Certaines personnes ne savent pas dire non. Ce sont parfois des natures essentiellement généreuses et désireuses de faire le bien, mais le type le plus fréquent, le prototype de celui qui ne sait pas dire non est animé moins par le plaisir de voir les autres heureux que par le besoin d'être aimé. Il craint, par son refus, de provoquer un malaise chez l'autre, de le contrarier, d'engendrer éventuellement son dépit, voire son ressentiment. En revanche, s'il dit oui, il génère un mouvement de sympathie à son égard, un élan affectif fait de satisfaction, de soulagement, de joie et de reconnaissance.

S'il dit oui, s'il satisfait au désir ou au besoin de celui qui demande, il se sent aimé, ne serait-ce qu'un instant. Et cet amour le rend heureux. En réalité, ce qu'il ne supporte pas, c'est l'agressivité que déclenche chez l'autre son refus, et les accusations qui s'ensuivent. Il voudrait toujours s'entendre louangé, aimé ; il voudrait qu'on ne parle de lui qu'en bien, et se sentir entouré en permanence de l'admiration et de la reconnaissance d'autrui.

Les femmes de cette catégorie se sacrifient pour leur mari, leurs enfants, leur famille, leurs amis. J'utilise délibérément le terme « se sacrifier » car, très souvent, il leur en coûte en effet de la souffrance. Elles se plaignent de leurs multiples engagements, même si elles les ont pris elles-mêmes, alors qu'il leur aurait suffi d'un peu de fermeté pour les refuser. Il est fréquent, aussi, de rencontrer un type d'homme dont les journées sont débordées du fait qu'il ne sait pas dire non ; il a accepté des responsabilités bénévoles dans divers clubs ou associations, en plus de ses nombreuses obligations familiales et professionnelles.

Outre leurs indubitables mérites, ces caractères généreux ont un défaut. Précisément parce qu'ils disent oui à tout le monde, parce qu'ils souhaitent recueillir l'approbation et l'amour de tout le monde, ils finissent par desservir les meilleurs des demandeurs, les plus réservés, les plus pudiques, au bénéfice de ceux qui se montrent pressants, insistants, qui n'ont aucun scrupule à réclamer, et pour lesquels tous les moyens sont bons.

Si nous observons le comportement des gens unanimement reconnus comme étant des êtres bons, nous constatons assez rapidement qu'ils font parfois preuve d'injustice. Ils finissent, en effet, par accorder leur temps et leur énergie à des êtres qui ne le méritent pas, et à négliger ceux qui ont vraiment besoin d'aide ; mais ces derniers ne veulent pas déranger, importuner, ils ne veulent pas « en profiter », car ils ont conscience que les généreux sont surchargés, fatigués, accablés.

Il est essentiel de savoir distinguer entre ceux qui ont de réels besoins et ceux qui n'ont besoin de rien, entre ceux qui méritent qu'on s'attarde sur leur cas et ceux qui ne le méritent pas. Celui qui veut être aimé à tout prix, qui est avide d'amour, est incapable de faire la différence, et c'est ainsi qu'il se livre à la merci de ceux qui sont à l'opposé de son caractère, c'est-à-dire aux cœurs secs.

Voyons qui sont ces indifférents. Alors que ceux qui ne savent pas dire non ont continuellement besoin d'être aimés, les « cœurs secs » sont insensibles aux sentiments des autres, en particulier au plaisir et à la reconnaissance que ceux-ci peuvent éprouver. Ou mieux, ils ne s'intéressent aux sentiments et aux émotions d'autrui que pour autant qu'ils leur permettent de poursuivre leurs objectifs personnels. Ils ne recherchent pas l'amour des autres en tant que tel mais exclusivement en tant que moyen. Ils ne désirent pas la reconnaissance des autres pour le plaisir qu'elle leur procure, mais seulement parce qu'ils pensent pouvoir en retirer quelque avantage. Le généreux est conforté par les affects positifs et refroidi par les affects agressifs. L'insensible ne les considère, quant à lui, que comme des obstacles ou des opportunités pratiques.

L'insensible peut faire des choses incroyables pour capter l'intérêt et s'octroyer l'aide de qui peut servir ses buts. Il sait être gentil, insistant, convaincant. Souvent, il est infatigable. Mais il ne fait qu'utiliser les sentiments des autres. Son esprit froid évalue les émotions comme si elles étaient des marchandises ou de l'argent. Il sait qu'il a un « crédit » de reconnaissance. Il a identifié les « faiblesses » de son interlocuteur, il connaît son « point faible ». Il exploite son « besoin » de se sentir aimé.

Entre le calculateur et le généreux s'établit un rapport du même type que celui qui existe entre le chasseur et le gibier, entre le prédateur et la proie.

Les insensibles les plus avides vivent aux dépens de ceux qui ont besoin d'amour et de reconnaissance. Ils n'ont aucun scrupule à demander. En demandant, ils provoquent un trouble chez le généreux. Si celui-ci ne peut donner, il se tourmente, se fait des reproches et se sent coupable. L'autre le renforce dans son sentiment en arborant une mine chagrine, éplorée et malheureuse. Il revient à la charge avec insistance. Puis il fait des reproches, il accuse. Ce que parvient à obtenir ce genre de personnes par sa seule insistance pleurnicharde, par ses grimaces et ses accusations est tout bonnement inconcevable.

Pensons à certains couples dans lesquels l'un est parvenu à « esclavagiser » l'autre. Parfois c'est l'homme qui se plaint, toujours grincheux, jamais content. Sa femme devient folle à s'efforcer de le contenter. En vain. Car la contrariété est son mode de domination à lui. Parfois ce sont les femmes, et il n'est pas rare de les voir, petites et fragiles, dominer des hommes forts et puissants dans leur vie sociale et professionnelle. Elles les dominent en exploitant leur besoin de se sentir aimés et approuvés, leur besoin de voir leurs proches heureux et reconnaissants. De retour chez lui, tel homme quêtera un sourire, au lieu de quoi il trouvera une mine affligée. S'il offre un cadeau, il attendra un geste de bonheur mais aura bien vite l'impression de s'être trompé, ou de n'avoir pas fait assez.

Pour sortir de ce rapport de dépendance et d'exploitation, les généreux n'ont d'autre solution que de corriger leur principal défaut qui est, nous l'avons vu, un besoin outrancier d'approbation. C'est ce besoin qui les pousse à céder aux pressions des insensibles ; c'est ce besoin qui fait qu'ils ne voient pas, ou négligent, ceux qui ne veulent pas profiter de leur faiblesse, et qui se taisent.

25

… ET CEUX QUI DISENT TOUJOURS OUI

Une certaine catégorie de personnes, à n'importe quelle demande, répondent oui. Elles le font sur-le-champ et sans se faire prier. Elles le font sans la moindre hésitation, donnant l'impression qu'il ne leur en coûte rien. Elles le font de bon gré, en montrant de l'intérêt pour le problème de l'autre. Par cette réaction immédiate, elles se distinguent de ceux qui ne savent pas dire non, lesquels, précisément, commencent en effet par dire non. Ils se prétendent extrêmement occupés ou incompétents, mais, si vous insistez, peu à peu leur résistance faiblit. Tout en tentant de justifier leur refus, ils prennent en compte votre problème. Vous donnez des détails, vous exposez les bonnes raisons que vous avez de solliciter leur intervention : progressivement ils sont engagés davantage. Ils prennent en charge vos difficultés puis se mettent à chercher une solution ; et enfin, ils font tout pour vous aider. Dès lors qu'ils se sont engagés, ils se sentent liés. Même épuisés, ils trouvent le temps de s'occuper de vous.

Le comportement de ceux qui ne savent pas dire non nous permet de comprendre pourquoi il est si difficile de refuser. Dire non sans aucunement entrer dans le problème de l'autre n'est qu'un acte de refus brutal, un geste discourtois. Seules des personnes très puissantes peuvent se le permettre vis-à-vis de gens dépendant directement d'elles. Dans la mesure où une société est fondée sur le marché, pratiquement presque toutes les relations sociales peuvent être source d'avantages ou de dommages. Le directeur d'une grande banque, obligé de refuser un prêt à un de ses clients démunis, le fera avec courtoisie. Car il ne connaît pas les relations d'affaires de celui-ci, et il ne doit pas exclure, a priori, qu'il sera éventuellement un bon client dans l'avenir.

En outre, dans notre société, toute action doit être justifiée rationnellement. Il ne suffit pas de dire non ; il faut encore motiver son refus. Et le motiver signifie que l'on tient compte du problème de l'autre, qu'on l'examine avec attention, et que l'on expose les règles qui guident notre attitude, qu'on les défende. Celui qui ne sait pas dire non s'engage précisément dans ce type d'obligation, et comme, au fond de lui, il est généreux, il en est aussi la victime. Ceux qui refusent de s'engager, qui ne veulent pas se donner, qui restent indifférents au problème de l'autre, chercheront à éviter toute explication. Et à cet égard, la façon la plus simple est de dire oui. En écoutant avec le sourire, ils acquiescent, ils se déclarent d'accord, ils promettent. Ensuite, ils ne font rien. S'ils sont convenus d'un rendez-vous, ils n'y viennent pas. Souvent, ils ne prennent même pas la peine de téléphoner pour s'excuser. Ils oublient l'engagement qu'ils ont pris. Si vous les rencontrez et que vous le leur rappelez, ils expriment leurs regrets avec un sourire et font comme si de rien n'était.

On trouve des gens de ce type à tous les niveaux de la société, parmi les personnalités influentes qui prétendent vouloir tout faire pour vous sans honorer jamais leurs engagements, mais également comme trait de caractère superficiel chez des personnes incapables de prendre un engagement sérieusement. Que ce soit chez les puissants ou chez les faibles, cette attitude dissimule une tendance à la mégalomanie et, en même temps, à la lâcheté. Qui prend un engagement pour ensuite ne pas le respecter veut faire bonne figure ; il veut impressionner favorablement son entourage, mais n'a pas le courage d'affronter l'autre. Il ne s'excuse ni la première fois ni les suivantes ; il sourit d'un air détaché. Tandis que celui qui ne sait pas dire non (mais qui respecte sa parole) est généreux, mais un peu faible, celui qui dit oui (et ne tient pas parole) est un vil égoïste.

Telle est la règle générale ; mais les hommes politiques méritent une description particulière. Pour les comprendre, il faut faire un détour, une digression sur un sujet apparemment très écarté de notre propos : la coquetterie féminine. Elle est fondée sur l'ambiguïté. La coquette prononce des mots qui ressemblent à une invite, elle fait un geste d'assentiment puis, immédiatement après, elle se rétracte. Ou mieux, dans l'invite il y a déjà le refus, ou le refus contient l'invite. La coquetterie consiste à dire « oui » et « non » en même temps. Celui qui fait la cour à la coquette doit déchiffrer l'énigme, interpréter la signification du geste. En disant simultanément oui et non, elle le met à l'épreuve. Un homme peu fin, lourdaud, hésitant, sera déconcerté et fera marche arrière. Seul l'homme habile parvient à dominer l'ambiguïté, à décoder le message, à entrevoir l'ouverture, et à en profiter pour se rendre intéressant et désirable.

Le « oui » de l'homme politique a le même sens que le « oui-non » de la coquette. Il veut être déchiffré. Un individu qui ne connaît pas les mécanismes du système politique prend pour argent comptant les propos qui lui sont tenus. Si tel homme politique lui a dit que tel projet était très intéressant, il le croit et pense que son interlocuteur passera aux actes. En revanche, les militants d'un parti, ceux qui sont au cœur des processus décisionnels, savent que ledit projet est en concurrence avec d'autres. Ils savent quels avantages et quels intérêts il est susceptible de mobiliser.

Ils sont donc en mesure de faire des conjectures, des hypothèses. Le « oui » que l'homme politique a prononcé pour le béotien est, pour le militant, un « oui-non » à interpréter. C'est pourquoi les professionnels de la politique passent leur temps à discuter ce qu'ont dit ou promis d'autres professionnels de la politique. Ils le font avec la passion et la fougue des *tifosi* avant et après un match. Une bonne part du débat politique n'est pas autre chose que ces éternelles interprétations et conjectures sur le sens d'une phrase, d'un engagement ou d'une promesse.

Par ailleurs, interpréter correctement signifie connaître les mécanismes, savoir les dominer. Être « politique » signifie qu'on en est capable, et il faut en donner chaque fois la preuve. Certains permanents de partis sont très doués pour cet art et font des carrières vertigineuses. En général, les intellectuels n'y entendent rien et sont considérés comme des imbéciles. Le langage politique est codé car il doit servir à la sélection de ceux qui sont dignes de faire partie de l'élite politique, de ceux qui peuvent être admis à partager les connivences secrètes des puissants.

V

CAPACITÉ À OBSERVER

26

COMPRENDRE LES AUTRES

Il nous est arrivé à tous de rester stupéfaits devant la capacité de pénétration psychologique d'individus apparemment « comme tout le monde ». Au point que nous nous sommes dit qu'ils étaient de grands psychologues, même si nous savions, avec certitude, qu'ils n'avaient jamais entendu parler ni de Sigmund Freud, ni d'Alfred Adler, ni de Carl Gustav Jung. En fait, ce sont des psychologues autodidactes qui ont appris la psychologie dans la vie, dans les combats qu'ils ont dû mener, dans les problèmes humains qu'ils ont eu à résoudre et dans les dangers qu'ils ont eu à surmonter.

La gardienne d'un immeuble nous étonne par ses remarques, et nous nous demandons, émerveillés : mais comment fait-elle, elle qui n'a pas étudié la psychologie ou la sociologie, pour comprendre les motivations cachées des gens ? À bien l'observer, nous constatons que c'est son travail qui en a été le moteur. Dans un immeuble ou un groupe d'immeubles habitent des centaines de personnes : des jeunes et des vieux, des amoureux, des pauvres, des malades, des coléreux, des gens qui rêvent de vengeance, des natures généreuses, des aimables, des riches, des faussement riches qui vivent d'expédients à la limite de la légalité. Il y a aussi les propriétaires qui demandent à la gardienne de surveiller leurs locataires ; il y a les démarcheurs qui essaient de se glisser dans les étages, les fournisseurs, la clientèle des bureaux ; il y a les amis des locataires, les vrais amis et les autres ; il y a les malfaiteurs et les pourvoyeurs de drogue. La gardienne connaît tout ce monde et elle est censée définir leur caractère grâce aux plus faibles indices : leur façon de marcher, leurs vêtements, l'expression de leur visage, le timbre de leur voix.

Pour entretenir de bons rapports avec tous, il importe qu'elle ne commette pas d'erreur. Elle doit savoir à quel moment elle peut risquer une plaisanterie et à quel moment elle doit se taire. Elle doit savoir comment s'y prendre pour annoncer une mauvaise nouvelle, et comment réprimander un enfant sans que les parents susceptibles puissent s'en offenser.

Certains chefs d'entreprise appartiennent à cette même catégorie, car ils sont quotidiennement en rapport avec un grand nombre de personnes et informés de leurs problèmes. Eux aussi sont obligés de bien connaître la psychologie de leur personnel. Et dans leur situation, la capacité à étudier les gestes et le comportement est moins importante que la capacité à écouter. Car les gens ne parlent pas seulement de leur travail mais aussi de leur vie de famille, des événements qui peuplent leur existence, de leurs besoins, de leurs malheurs, des imprévus. Ce n'est pas à des individus isolés que ces patrons ont affaire, mais à des familles entières, à des problèmes de tous ordres et généraux : celui des parents âgés, celui de enfants, celui de l'école, de l'infidélité, de la névrose. C'est pourquoi un chef d'entreprise, un chef de bureau, un chef de département, s'il est sensible et mène bien ses affaires, peut devenir un véritable connaisseur de l'âme humaine. De même, un commerçant, un artisan, ou un employé, s'il fait son métier avec attention et plaisir.

Cette catégorie de personnes apprend tout de la vie, dans ses mouvements de chaque jour. Elles apprennent en observant, en comparant, en réfléchissant, en mettant patiemment en relation les événements, comme le fait le scientifique, le dramaturge ou le grand romancier. Elles n'écrivent pas de livres, elles ne prétendent pas tout savoir, elles ne veulent pas donner un enseignement. Elles sont modestes. Leur comportement, leur nature même les situent aux antipodes des érudits. Trop souvent l'érudit n'apprend pas de la vie mais par les livres. Il ne sait pas voir de ses yeux, juger avec sa tête ; il se contente de répéter ce que les autres ont dit avant lui. Et ces autres avant lui sont toujours des « autorités » reconnues, consacrées par la tradition. Pour les chrétiens, ce sont les auteurs des Évangiles, le pape ou saint Augustin (autrefois c'était saint Thomas). Pour les marxistes, naturellement, c'est Karl Marx, ou peut-être Lénine ou Rosa Luxemburg (naguère c'était Mao Tsé-Toung). Pour les aspirants psychologues, c'est Freud ou Jung (il y a peu, c'était Lacan). Et pour les aspirants sociologues, ce sont Luhman et Goffman (avant c'était Parsons).

La liste est longue mais tous les érudits ont un point commun : face à un problème, à un événement ou à un drame, ils n'essaient pas d'analyser le phénomène, ils cherchent un livre ou une citation. Ils n'ont pas une connaissance réelle, ils pratiquent l'exorcisme. La découverte des véritables mécanismes d'un problème ne les intéresse pas ; ce qu'ils veulent, c'est l'éliminer. Que quelqu'un ait déjà écrit sur le sujet leur suffit. Cette catégorie de personnes ne saurait être modeste car elle est toujours drapée dans les accoutrements d'un savoir supérieur, reconnu et consacré. Ces gens-là sont comme les anciens aristotéliciens : puisque Aristote avait déjà tout dit, eux, ses élèves, savaient tout.

On évalue très souvent la culture à partir de la capacité à citer, à partir de l'érudition. Lorsque les personnes du premier type, intelligentes, capables d'apprendre et de comprendre, rencontrent des individus du deuxième type, sur le coup, elles se sentent ignorantes et ont un peu honte d'elles-mêmes. Puis elles réfléchissent et, confrontant ce qu'elles ont entendu avec la réalité, elles parviennent à la conclusion que le savoir risque d'être une coquille vide qui n'explique rien et ne sert à rien. Ce qui est très dommage car la véritable et la grande culture est en harmonie avec la vie. Les grands dramaturges, les grands romanciers et les grands scientifiques, de Shakespeare à Goethe, de Beethoven à Verdi, de Pasteur à Freud, appréhendent les hommes et les événements munis du bagage du savoir, mais sans se départir de l'attitude étonnée et émerveillée de l'enfant. Ce bagage leur sert à comprendre les limites de la connaissance humaine mais certainement pas à s'en parer. Il leur sert à comprendre le sens profond de ce qu'ils soumettent à leur observation mais, surtout, à organiser leur pensée et à communiquer leurs découvertes aux autres.

La véritable culture, celle qui est utile, est toujours une synthèse entre le savoir accumulé et l'inlassable observation de la vie.

27

PREMIÈRE IMPRESSION

Lorsque nous rencontrons quelqu'un, parfois en entrant dans une pièce, nous ressentons une impression — négative ou positive. Une impression immédiate que nous jugeons irrationnelle, car elle est préalable à toute réflexion, à toute connaissance réelle de l'autre. Cette impression est, en général, d'autant plus vive que la rencontre est plus importante. En revanche, nous ne gardons aucun souvenir de quelqu'un qui nous a été présenté rapidement au cours d'une soirée ; les soirées sont, du reste, l'occasion de contacts volontairement fugaces et artificiels. Chacun joue un rôle et se présente aux autres avec un masque lisse et soigneusement plaqué sur le visage. Lorsque, au contraire, nous avons besoin de l'autre, lorsque nous devons accomplir un travail avec lui, donner vie à une entreprise commune, nous sommes submergés par de multiples impressions, et nous cherchons à nous en défendre pour l'évaluer « objectivement », sans nous laisser troubler par les affects et les préjugés.

Sur ce point, les hommes prétendent être plus rationnels que les femmes et cherchent à se montrer plus objectifs. Ils reprochent aux femmes de s'abandonner trop facilement à l'impression de sympathie ou d'antipathie née souvent d'un détail insignifiant. Les hommes, en particulier ceux qui assument des responsabilités de direction, confient au temps leur jugement ; ils attendent des preuves objectives. Ils n'accepteraient jamais de prendre une décision concernant la vie d'un homme en se basant sur la simple impression « qu'il a l'air trop servile », « qu'il a le regard fuyant » ou « qu'il met mal à l'aise à cause de son ton monotone ». Pourtant, des années plus tard, le directeur le plus rationnel, l'homme politique le plus habile, se souvient de sa première impression sur quelqu'un qui a, par la suite, gravement déçu : une première impression qui était un véritable avertissement.

Les psychologues expliquent ces souvenirs comme des justifications a posteriori. Comme nous sommes déçus, notre esprit se met en quête, à partir d'une nuance dans le comportement passé de telle personne, d'un signe symptomatique de son comportement actuel. Si tout s'était bien passé, le même signe aurait été interprété complètement différemment. Rien n'est plus trompeur que la mémoire, disent les spécialistes. Nous ne nous souvenons que de ce qui sert ou justifie notre action présente. Lorsque nous rompons avec un ami, il nous revient soudain à l'esprit l'ensemble de ses innombrables méchancetés. Il en va de même entre deux conjoints qui divorcent. Leur vie passée leur paraît insupportable et désastreuse, car ils n'en retiennent que les événements désagréables, oubliant le plaisir et le bonheur qu'ils avaient connus ensemble.

La mémoire, pourtant, n'a pas le pouvoir de transformer le passé. Elle peut oublier ou se souvenir, mais elle ne peut modifier le souvenir. Les aspects négatifs que les époux qui divorcent découvrent dans leur vie passée y étaient déjà présents ; ils les avaient déjà décelés mais les avaient chassés de leur esprit pour laisser la place à l'amour et au bonheur.

Seule la raison est capable d'interpréter, de donner un sens différent aux gestes accomplis. Seule la raison peut déformer, camoufler, masquer, tromper. Tous, nous nous présentons aux autres avec un masque qui est l'œuvre de la raison. Notre mise en scène est d'autant plus soignée et réussie que l'autre, en face de nous, est important à nos yeux, et que nous le connaissons profondément.

Et là est le paradoxe. Il est plus facile de tromper une personne que nous connaissons depuis longtemps que quelqu'un que nous rencontrons pour la première fois.

Au cours d'une première rencontre, nous ne sommes pas préparés. Nous ne savons rien de l'autre. Nous cherchons à nous rendre agréables. Mais comment faire ? En nous montrant spirituel ou réfléchi ? Amusant ou sérieux ? Timide ou sûr de nous ? Lors de la première rencontre, les gens utilisent en général un répertoire déjà éprouvé, sans conviction. C'est une barrière bien fragile et une mascarade bien dérisoire. Le premier regard attentif les perce à jour et enregistre des aspects de nous-mêmes que nous avions pris soin de cacher à tous, et que nous avions peut-être même oubliés.

Tout être humain est capable de percevoir immédiatement l'âme de l'autre. Nous devinons l'âme des autres avec la même netteté que celle avec laquelle nous percevons les couleurs et les sons. Lorsque nous ne nous laissons pas berner par le masque, nous ne pouvons pas nous tromper sur le sens de tel ou tel geste. Le sourire est synonyme de bonheur, un regard furtif évoque la méfiance, la grossièreté marque la violence, l'inattention l'indifférence, l'incompréhension la bêtise, l'assentiment continuel la faiblesse. Le geste qui prend trahit l'avidité, celui qui retient l'avarice, le regard préoccupé la jalousie, l'observation appuyée l'envie. La première rencontre est transparente comme l'eau claire. La première impression est une photographie, faite grâce à une pellicule ultra-sensible, de la partie la plus retirée de l'âme de notre interlocuteur.

Il est, certes, difficile de la déchiffrer. Nous sommes poussés par notre raison à choisir un aspect plutôt que l'autre. Si nous souhaitons poursuivre cette nouvelle relation, nous avons tendance à évacuer le souvenir des nuances inquiétantes. Simultanément, notre interlocuteur qui a, de son côté, commencé à nous connaître, a également construit un comportement sur mesure qui nous est destiné ; que ce soit pour nous être agréable, pour nous faire plaisir ou pour nous berner. Le temps passant, les deux parties apprendront à jouer chacune leur scénario et, souvent, si elles ont un puissant intérêt à se côtoyer, elles parviendront à occulter les aspects désagréables et les souvenirs amers. De cette manière, elles pourront cheminer l'une près de l'autre et la première impression sera gommée.

Mais, lorsque survient une crise, les deux partenaires jettent les masques et les accommodements réciproques et, alors, réapparaît, intacte, la vieille image de la première impression. Elle resurgit car rien ne vient plus l'empêcher d'affleurer. Il est vrai que l'autre a toujours été comme cela, qu'il n'a jamais changé. L'impression de tromperie que l'un et l'autre éprouvent est compréhensible mais souvent outrancière. Chacun a été complice de l'oubli.

28
QUERELLE

Chacun de nous apprend à organiser son image extérieure et son comportement de façon à être agréable aux autres. La mère apprend à son enfant à contrôler ses désirs et, surtout, ses pulsions agressives, à tenir compte des besoins des autres et de leur susceptibilité, à différer de bon gré la réalisation de ses désirs, et non pas en serrant les dents. Pour Freud, le moi se constitue précisément grâce à ce travail de compromis entre les pulsions et les exigences de la vie sociale. Le processus de civilisation comporte ainsi une part de souffrance et implique un malaise très pesant.

Tout rôle social a, en outre, ses exigences particulières et requiert que nous développions certaines qualités au détriment d'autres.

Nous sommes ainsi contraints à endosser de véritables « masques ». Il n'est pas jusqu'aux relations plus délicates comme celles entre parents et enfants, entre époux, entre amis, et même entre amoureux, qui ne demandent des règles et de la prudence. Il est facile de commettre un impair; l'autre, dans ce cas, doit savoir ne pas réagir agressivement, se contenir, faire comme si de rien n'était. L'attitude « œil pour œil, dent pour dent » n'est applicable qu'à l'encontre d'ennemis bien spécifiques. Ceux qui sont liés par l'amitié apprennent à être sincèrement tolérants l'un par rapport à l'autre.

Souvent, ce comportement appris n'a pas été intériorisé, intégré ; il n'est pas devenu une part harmonieuse de la personnalité ; il est demeuré une enveloppe externe, un masque cachant les pulsions profondes, une cuirasse protégeant et occultant une personnalité différente. Il arrive même que le masque révèle juste le contraire de ce que l'individu est au fond de lui. Il existe, par exemple, des personnes avides qui dissimulent leur avidité sous une apparente générosité ; le résultat est alors la prodigalité, et le prodigue gaspille et dépense avec ostentation dans le seul but d'impressionner les autres, pour la seule raison qu'il est avide de reconnaissance.

L'avare, de son côté, se dissimule en prétendant qu'il n'est que parcimonieux, prudent et sage. Mais sa parcimonie ne s'exerce qu'au détriment des autres, jamais pour lui-même. La parcimonie est la forme que prend la générosité lorsqu'on est pauvre et inquiet devant l'avenir. Une mère peut se montrer parcimonieuse car elle pense aux besoins de ses enfants.

Il est intéressant d'observer comment ces masques et ces cuirasses se dissolvent lorsque des individus renoncent au rapport amical, lorsqu'ils se querellent, lorsqu'ils rompent leur relation. Dans une dispute grave, les gens jettent bas tous les masques, dès lors inutiles ; ils ne sont plus obligés de se montrer sous un jour agréable, ils ne veulent plus se gagner la sympathie ou l'affection d'autrui. Une fois abandonnés les masques de la socialité tolérante, surgissent les tendances cachées, émerge le visage que l'on avait soigneusement dissimulé.

Revenons aux caractères évoqués plus haut : l'avide et l'avare. Lorsque l'avide rompt une relation, sa tendance à tout accaparer se fait jour immédiatement : il veut tout, et le plus vite possible, comme dans une razzia. On retrouve, dans les divorces, ceux qui vident les coffres et font disparaître les meubles. À la différence de l'avare, l'avide ne retient pas seulement ce qui a de la valeur ; il prend aussi des objets insignifiants : un bibelot, une rame de papier, une médaille commémorative. En cas de litige autour d'un héritage, il n'hésitera pas à se transformer en voleur de l'ombre. La querelle déclenche chez l'avide une pulsion à la razzia immédiate, risquée, sans rapport avec les ennuis qu'elle pourra lui procurer.

L'avare n'agit pas de même. À la différence de l'avide, il reconnaît ce qui a de la valeur et ce qui n'en a pas. Dès que la relation se gâte, il commence à mettre de côté les objets les plus précieux. Comme, dans toute relation, il y a toujours quelque désaccord, l'avare accumule le maximum de choses, justifiant son attitude par la prudence. Au moment de la vraie rupture, son butin est déjà constitué. Mais l'avare ne thésaurise pas seulement les biens, il thésaurise également les souvenirs. L'avare n'oublie pas, il se souvient, il ressasse. Sa rancœur est une rancœur cachée, non pas par crainte mais par avarice, car même dans la colère, il ne se donne pas. Sa tendance naturelle est à la vengeance.

La réaction de l'envieux masqué est, elle aussi, fort intéressante. L'envie se cache en général sous forme d'indignation devant l'injustice. Au fond, l'envie est la haine qu'éprouve l'inférieur pour quelqu'un qu'il perçoit comme lui étant supérieur. Le premier mouvement de l'envie est la reconnaissance d'une différence. À partir de quoi peut naître l'admiration ou l'émulation, c'est-à-dire la tentative d'annuler la différence en allant vers l'autre. Mais l'envieux cherche à annuler la différence en tirant l'autre vers le bas, c'est-à-dire en tirant l'autre vers lui, tout en essayant de démontrer, pour lui et pour les autres, que l'envié ne mérite pas ce dont il jouit. Les individus qui sont en permanence indignés, amers, soupçonneux et critiques sont très souvent des envieux masqués. Ce sont les hommes du ressentiment décrits par Nietzsche et par Max Scheler.

Lorsque l'envieux masqué se dispute et rompt avec quelqu'un, le personnage qui émerge alors est un juge accusateur et impitoyable. Dans une querelle, chacun est poussé à réexaminer le passé pour ne se souvenir que des choses les plus désagréables ; mais nous savons aussi, en général, nous rappeler également les moments positifs et les qualités de l'autre. Dans une dispute, l'envieux ne se souvient de rien de positif, seulement du négatif. Il ne lui revient à l'esprit qu'une série d'iniquités qu'il énumère avec indignation et condamne sans appel. Il s'enivre de son rôle de grand inquisiteur.

Les natures généreuses se révèlent, elles aussi, dans la querelle. Pour se défendre des perpétuelles demandes et de l'exploitation éhontée que font certains quémandeurs avides, le généreux adopte souvent un comportement quelque peu froid et impersonnel. Il essaie d'être impartial mais, dans une rupture, cette belle sérénité tombe en miettes au profit du plus grand désarroi. Le plus souvent, le généreux est stupéfait ; il ne comprend pas. Il se demande quelles sont ses fautes. Il se reproche de n'avoir pas tenté quelque chose pour éviter le pire. Il renâcle fortement au conflit et à l'affrontement car il considère la bagarre, le ressentiment et la rancœur comme des maux contagieux. Résultat : il subit le pillage de l'avide, la rancœur de l'avare et la condamnation de l'envieux. Mais il ne les comprend pas ; il a peine à les suivre et, peu à peu, il oublie. Au point de passer pour un idiot sans mémoire.

29

TÉLÉPHONE

Marshall McLuhan dit que le téléphone exige une totale participation de l'individu. Pour comprendre, au téléphone, il faut en effet capter des sons très faibles, les nuances de la voix, du ton. De là, il faut remonter aux états d'âme, deviner les intentions. Au téléphone, nous devons développer en nous un peu des qualités de l'aveugle, qui parvient à saisir la réalité sans la voir de ses yeux.

La plupart des gens préfèrent se rencontrer physiquement, surtout lorsque de la rencontre dépend un accord économique, ou si l'amour est en jeu. La présence physique nous offre de très nombreux éléments à partir desquels reconstruire l'état d'esprit intérieur et les intentions de l'autre. Son visage, notamment, revêt la plus grande importance : sourit-il ? A-t-il le regard absent, ennuyé ou traversé d'éclairs ? Il suffit parfois d'un simple mouvement des muscles faciaux, d'une expression de surprise. Puis il y a le corps : la façon dont l'autre est assis. Est-il détendu ? Calme ou contracté ? Sur le point de se lever ? Inquiet ou agité ? Croise-t-il les jambes ? Se lève-t-il ?

Au téléphone, nous ne pouvons rien voir de tout cela ; pas plus que nous ne pouvons voir si notre interlocuteur fume, et de quelle façon. Tient-il sa cigarette mollement entre ses doigts, ou fume-t-il nerveusement en secouant la cendre continuellement ? Nous ne pouvons pas voir, non plus, comment il est habillé, s'il est vêtu avec élégance ou négligé.

Mais au téléphone, nous pouvons recueillir des informations qui risqueraient d'être noyées dans la richesse des éléments physiquement présents au cours d'un entretien. Car tout se passe comme si l'autre était tout entier concentré en un seul point, tel un objet sur lequel travaillerait un orfèvre ; et il faut la tension de l'escrimeur qui, s'il a une seconde de distraction, s'il se laisse solliciter un instant par une pensée qui lui traverse l'esprit, risque d'être touché par son adversaire.

Dans une rencontre face à face, votre interlocuteur qui n'éprouve aucun intérêt pour ce que vous lui dites parvient, d'une manière ou d'une autre, à faire semblant. Au téléphone au contraire, sa capacité à se concentrer diminue automatiquement, et il peut perdre un mot, une phrase. Il est obligé de vous faire répéter une chose qu'il vous a déjà demandée ; ou il fait une remarque qui n'a rien à voir avec votre propos.

Il est difficile, en outre, d'exprimer au téléphone des émotions que l'on n'éprouve pas réellement. Prenons l'exemple des condoléances : si l'on se rend à des obsèques, il suffit de baisser la tête, de murmurer quelques mots et de faire un geste conventionnel ; l'émotion ressentie collectivement est contagieuse et vous entraîne même si, à l'origine, vous étiez indifférent. Au téléphone, en revanche, dans un dialogue privé, dans le silence absolu du récepteur, seul celui qui est sincèrement touché sait dire ce qu'il faut. Les vibrations de sa voix, ses silences, son souffle parlent pour lui.

La bonté d'âme se révèle de même aisément au téléphone. Même si, au début de la conversation, la personne généreuse est surprise, ou dérangée, ou irritée, après un instant, sa voix s'adoucit ; elle ne parvient pas à faire prévaloir ses intérêts ; elle prie qu'on l'excuse de ne pouvoir répondre ou de ne pouvoir rester à l'appareil. Vous comprenez qu'elle aimerait vous aider et est contrariée de ne pouvoir le faire.

Ce n'est pas le cas de l'interlocuteur envahissant ou avide qui, à l'appareil, quoi que vous disiez, continue son chemin, indifférent à vos problèmes. Il insiste. Si vous lui expliquez que vous n'avez pas le temps, il présente ses regrets et recommence à parler, à demander. Il ignore vos réactions d'impatience, de malaise, d'embarras, d'anxiété, de colère. Au contraire du généreux qui coupe immédiatement la communication pour ne pas vous déranger plus longtemps.

Nous avons tous fait ce genre d'expérience et nous savons que l'on peut analyser les gens en parlant avec eux au téléphone. Il est plus difficile de croire que l'on puisse faire par téléphone un diagnostic sur une entreprise, deviner si le personnel est efficace ou non, savoir quelle est sa situation exacte, déceler les difficultés ; c'est néanmoins possible.

Le premier contact se fait par le biais du standard. Dans une entreprise qui marche et qui veut faire des profits, un coup de téléphone est peut-être une affaire. Ce peut être un client qui appelle, et il est toujours le bienvenu. L'efficacité s'entend de prime abord dans l'intonation, dans l'attention que l'on vous accorde. La personne qui vous répond au standard, dans une telle entreprise, exprime par sa voix son plaisir à travailler, son degré d'implication dans son travail, ses bonnes dispositions à votre égard. Avec la même fidélité et la même hâte, le téléphone vous communique la mauvaise humeur, l'ennui et l'indifférence de votre correspondant. Souvent, au premier contact avec le standard, vous vous sentez rejeté. La voix, à l'autre bout du fil, est ennuyée, irritée. Son ton vous fait comprendre que votre interlocuteur n'est pas content de son travail et que vous le dérangez. Il n'est pas rare de rencontrer cette arrogance dans les administrations. Plus l'usager est faible, plus il a besoin de l'administration, et plus son correspondant se sent supérieur. Il ne répond pas, il aboie. Parfois, on assiste à une véritable conversation sur la ligne. Les employés du standard, ou de la loge, ou du bureau, parlent entre eux. Le coup de téléphone les dérange. On marmonne quelque chose et on vous ordonne d'attendre. Personne ne s'occupe plus de vous.

L'entreprise inefficace est reconnaissable également à ce qu'elle n'a pas de mémoire. Vous pouvez téléphoner cent fois à la même personne, et même au directeur ou au président ; chaque fois, on vous demande qui vous êtes et ce que vous voulez. Il semble que vous ayez affaire à cent personnes différentes et sans rapport entre elles. Lorsque le marasme est très grave dans l'entreprise, personne ne sait plus rien sur rien, même les secrétaires de direction aux échelons les plus élevés, celles qui sont censées connaître par cœur le nom des clients importants, et qui identifient habituellement leur voix immédiatement.

En examinant ainsi, l'un après l'autre, tous les bureaux, il est en effet possible, grâce au téléphone, de faire des diagnostics sur leur fonctionnement, d'évaluer l'ambiance et le ton qui y règnent, de tâter l'humeur du personnel et son esprit de coopération, de déceler son niveau d'information sur les problèmes en cours et sa capacité à prendre des décisions.

VI

TENDANCES

30

AMERICA AMERICA

L'Association italienne de sociologie et le Centre national de prévention et de défense sociale sont en train de préparer un congrès sous le titre *Europe et États-Unis, deux sociétés face à face*. Cela pourra sembler étrange mais ce thème n'a jamais été abordé auparavant dans aucun congrès, et il n'existe pas non plus d'ouvrages convaincants sur ce sujet. On donne pour acquis, sans commentaire, que le modèle américain s'est imposé à l'Europe après la guerre, et que c'est la raison pour laquelle les deux sociétés se sont progressivement mises à se ressembler.

Nous voyons des films américains, nous buvons du Coca-Cola et, tous les jours, nos journaux et nos chaînes de télévision nous informent de l'actualité américaine. Pendant ce temps, les échanges économiques s'accroissent. Nous entendons dire que la mode italienne a un succès retentissant en Amérique et que les Américains raffolent de l'opéra et des objets *made in Italy*. Ils adorent aussi les parfums français. Il paraît également que, compte tenu de l'émigration en provenance de l'Amérique centrale et de l'Amérique du Sud, l'espagnol est en train de devenir la seconde langue des

États-Unis. Le nombre des Européens qui y vont pour des études, des affaires et du tourisme a considérablement augmenté. D'où l'impression que l'on éprouve de deux sociétés qui se rapprochent de plus en plus, qui s'intègrent l'une à l'autre, au point de devenir deux régions d'une seule et même entité politique et culturelle.

Est-ce bien le cas ? N'est-ce pas exactement le contraire ? N'est-ce pas plutôt que le monde européen (le continent européen) et le monde américain sont en train de se différencier, année après année ? J'ai en effet l'impression que les choses vont dans ce sens, et je m'efforcerai de mettre en évidence certains faits en faveur de cette hypothèse.

Au début du siècle, l'Europe était dominée par le sentiment des orgueils nationaux. Chaque nation voulait se différencier des autres et l'emporter sur ses voisines. Chaque nation était convaincue qu'elle avait une mission singulière et un destin particulier. Chaque nation était armée jusqu'aux dents, sensible au-delà de toute mesure à la moindre offense, prête à la guerre. Tant il est vrai que le continent a été ravagé par deux terribles conflits. Aujourd'hui, les pays d'Europe (à l'exception de l'Angleterre qui constitue un chapitre à part) ont renoncé à toute volonté de puissance et à tout esprit belliqueux. Plus le temps passe et plus l'on observe que le modèle de l'Europe continentale est celui de la Suède, du Danemark ou de la Suisse.

Un processus contraire se déroule aux États-Unis. Les innombrables groupes ethniques qui y vivent sont liés par un véritable culte de la nation américaine, par la conviction que les États-Unis sont la seule nation libre, civilisée et savante au monde, et qu'elle est porteuse d'une mission charismatique de salut. À la différence des Européens, les Américains sont continuellement en armes, continuellement engagés dans des guerres ou des actions militaires. À l'école primaire, déjà, les enfants sont initiés aux arts martiaux et au parcours du combattant. Aujourd'hui, les Américains sont un peuple nationaliste et belliqueux. Ce que les Européens ne sont plus.

Entre la Première et la Seconde Guerre mondiale, les plus grands savants, les meilleurs artistes et les intellectuels les plus avancés ont émigré aux États-Unis. D'abord d'Union soviétique, ensuite des pays écrasés par le nazisme. Dans les années cinquante et soixante, l'élite culturelle américaine était constituée de manière dominante par des émigrés européens, juifs très souvent. Ce sont eux qui ont donné aux États-Unis le primat absolu dans tous les domaines. Après la guerre, pendant trente ans, les Européens se sont rendus en Amérique pour suivre les enseignements de professeurs qui venaient d'Europe et qui connaissaient le latin et le grec, l'allemand et le français, quand ce n'était pas le russe et l'italien. Cette génération aujourd'hui n'existe plus. Ses représentants sont devenus vieux, ou sont morts. Et avec eux, a disparu depuis peu en Amérique le personnage de l'intellectuel de type européen, doté d'une vaste culture, d'une vision du monde, intermédiaire critique entre l'élite du pouvoir et les gens. Il y a, aux États-Unis, des directeurs, des journalistes, des chercheurs, des professeurs d'université, des prédicateurs, des professionnels de la politique, mais il y a fort peu d'intellectuels. Il y en a, en revanche, en Europe.

L'immigration asiatique et latino-américaine a pris le relais de l'immigration européenne aujourd'hui : réfugiés du Viêt-nam et de Cuba, Mexicains travaillant au noir en Californie, Chinois de Hong Kong et de Formose. Pour eux, l'Europe n'est pas seulement lointaine, elle n'a jamais existé.

Ils parlaient vingt langues différentes, il y avait le rideau de fer mais, néanmoins, au cours de ces quarante dernières années, les peuples d'Europe se sont rapprochés sur le plan culturel. Les livres, les films, le théâtre suscitent à peu près les mêmes réactions à Helsinki ou à Lisbonne, à Paris ou à Varsovie. Même l'abîme qui séparait les sociétés protestante et catholique s'est comblé. Une sensibilité identique est en train de se développer, comme si les millénaires d'une histoire commune produisaient enfin leurs fruits. En parcourant l'Europe, à l'exception, toujours, de l'Angleterre, on a l'impression de rester chez soi. L'Amérique, en revanche, produit immédiatement une impression de différence, d'éloignement.

La culture de l'Europe continentale est caractérisée par des différences connaissant une évolution progressive, par des nuances. L'Amérique, elle, est caractérisée par des différences très tranchées. La richesse y côtoie la misère la plus grande ; là se dresse un gratte-ciel, et ici ce sont les bas quartiers ; vous n'avez le choix qu'entre les hôtels de luxe et les hôtels ignobles ; si vous avez de l'argent, on vous respecte ; si vous n'en avez pas, vous êtes renvoyé parmi les misérables, vers ceux qui vivent dans la déchéance. Seuls existent le paradis et l'enfer, les élus et les damnés. On en vient à éprouver l'impression que le pays est dominé par une oligarchie qui fait et dit ce qu'elle veut. En Europe, au contraire, les monarques et l'aristocratie ont perdu de leur importance, de leur influence. Les différences sociales se sont réduites et, là où elles existent, elles sont cachées. Ce sont des différences graduelles et les nuances prédominent. Le pouvoir lui-même, dans de si petits pays, est nécessairement limité ; comme le pouvoir économique, qui rencontre de si nombreuses frontières et de si nombreuses barrières régionales.

Il n'était pas dans mes intentions de décrire les différences entre l'Europe et les États-Unis, mais seulement de mettre en question une idée banale, un lieu commun. Le problème n'est pas mince. Il mérite une réflexion des plus sérieuses.

31

PURITANISME

La différence la plus profonde entre l'Europe et les États-Unis — qui apparaît également dans le sondage Eurisko/Issp/*Corriere della Serra* — est l'inébranlable confiance des Américains dans le succès individuel. Le questionnaire de ce sondage comporte une question cruciale à cet égard. Il s'agit de dire si l'on est d'accord avec l'affirmation suivante : « Ce qu'un individu réalise dans sa vie dépend en grande partie de son milieu familial. » Soixante pour cent des Italiens en sont convaincus et très peu disent l'inverse ; parmi les Américains, c'est exactement le contraire.

C'est là la énième confirmation que, au fond, le mythe américain n'a pas changé : les Américains continuent à croire que quiconque, quelles que soient ses origines, sa classe sociale et sa famille, dispose des mêmes possibilités de réussite ; que la fortune des parents et le milieu familial comptent moins que la volonté et les capacités individuelles ; la certitude, religieuse, selon laquelle tout homme est l'artisan de son destin est intacte ; et l'on reste persuadé que la richesse est la récompense de la vertu, et la misère la punition du vice.

La différence fondamentale entre l'Europe et les États-Unis réside encore dans le fait suivant : les Américains partagent l'humanité en deux groupes, les gagnants et les perdants, et ils sont convaincus que les gagnants sont meilleurs, sur le plan moral, que les perdants. En Europe, au contraire, on continue à penser que la société recèle une sournoise injustice, que le mérite ne trouve pas toujours sa récompense et que la vertu est souvent moquée par les méchants.

Cette différence de perspectives, profonde, abyssale même, remonte à plusieurs siècles, à la doctrine calviniste de la prédestination. Max Weber l'a longuement analysée dans son ouvrage célèbre : *L'Éthique protestante et l'esprit du capitalisme*. Aucun pays n'a réalisé à ce point la sanctification du succès et de la richesse que les États-Unis.

Dans les années soixante, avec « la génération des fleurs », le mythe calviniste a paru se lézarder irrémédiablement mais, déjà, sous le président Carter, les courants religieux fondamentalistes se renforçaient ; et ils allaient triompher sous la présidence de Reagan. Le reaganisme n'a réellement rien d'hédoniste mais, comme l'a bien montré Furio Colombo (cf. en particulier *Cosa farò da grande**), il est fortement imprégné d'ascétisme ; d'un ascétisme du corps, du travail, du succès ; d'un ascétisme séculier qui a toujours caractérisé le calvinisme. Le reaganisme est une forme de calvinisme, et sa dernière incarnation.

Sous Reagan, les Américains ont redécouvert leur pays comme une nation élue, chargée par Dieu d'apporter au monde la richesse et la justice. Non pas l'égalité, car le Seigneur récompense les bons et leur apporte la

* « Ce que je ferai quand je serai grand », Mondadori, Milan, 1986.

fortune, tandis qu'il ruine les méchants. L'inégalité est un signe de la justice, une de ses manifestations. Dans la logique du néopuritanisme, les États-Unis sont une nation charismatique. Leur pouvoir, leur succès sont des signes de la bienveillance divine. C'est pourquoi l'Amérique ne doit pas craindre de frapper ses ennemis.

Le calvinisme fait preuve de la plus grande méfiance envers les autres, tous les autres. Et les Américains manifestent ouvertement cet état d'esprit. Ils ne font pas confiance aux Soviétiques, ils ne font pas confiance aux Sud-Américains, ils ne font pas confiance aux Japonais, et ils ne font pas confiance, non plus, aux Européens.

Cette différence du comportement américain envers le succès et le mérite individuel explique également la méfiance des Américains vis-à-vis de l'intervention de l'État pour réduire les différences de revenu entre les individus.

Reste pourtant une série de faits inexplicables. Les Américains réclament une augmentation des possibilités pour les jeunes de fréquenter l'université, ils réclament davantage d'opportunités pour les femmes. Par ailleurs, nous n'ignorons pas les efforts considérables consentis par les familles américaines pour faire faire des études à leurs enfants, s'endettant et faisant de très gros sacrifices financiers. N'est-ce pas en opposition avec le mythe selon lequel la famille ne compte pas et que l'État ne doit pas intervenir ? Il faut croire que si. Mais nous devons garder à l'esprit que, dans un système collectif de croyances, les valeurs individuelles sont *indépendantes*. Le mythe américain fait coexister trois idées : chacun doit avoir les mêmes opportunités au départ ; tous doivent rivaliser par tous les moyens ; et que le meilleur gagne !

C'est ce qui explique qu'y coexistent des groupes luttant en faveur des minorités ethniques, en faveur des femmes, et contre les discriminations raciales. Tous veulent assurer l'égalité des chances au départ, mais chacun croit que les familles doivent se battre pour obtenir un revenu plus élevé et, en même temps, pour assurer à leurs enfants la meilleure école et le meilleur emploi. À la fin, demeure la confiance immotivée, religieuse, que celui qui le mérite gagnera ; car la société américaine, dans le fond, est juste, soumise à l'inspiration divine, et élue de Dieu.

32

CRISE DES MODÈLES ESTHÉTIQUES

Les moyens de communication de masse, en particulier le cinéma et la télévision, ne transmettent plus de nouveaux modèles esthétiques, ni féminins, ni masculins. Nous ne nous en apercevons pas car nous continuons à voir de vieux films avec Marilyn Monroe, Brigitte Bardot, Kim Novak et autres beautés innombrables du cinéma hollywoodien. Nous continuons à voir, sur le petit écran, John Wayne, James Stewart, Gregory Peck, Clark Gable, Robert Taylor et Gary Cooper. Ce mélange du passé et du présent cache une discontinuité radicale entre deux époques ; la première va jusqu'à 1965-1968, la seconde est l'époque actuelle.

La première époque proposait à notre admiration et à notre désir d'identification des modèles humains complets. Ces modèles étaient tels en raison d'une de leurs particularités extraordinaires, qui était ensuite mise en évidence, renforcée, jusqu'à nous donner l'impression que nous nous trouvions face à un être supérieur. L'homme moyen pouvait s'identifier à Humphrey Bogart mais il le sentait supérieur à lui. Il pouvait bouger comme lui, s'habiller comme lui, mais il ne pouvait pas penser atteindre son niveau. C'est pourquoi les Italiens utilisent le terme *divi* pour désigner ces êtres extraordinaires, presque divins, en effet. Greta Garbo était d'ailleurs appelée « la divine ».

Les stars de cette première époque constituaient tout à la fois des modèles esthétiques et des modèles de séduction érotique. Rudolph Valentino était considéré comme l'homme le plus beau du monde, le modèle absolu du charme masculin. Les autres aussi, dans l'ensemble, fournissaient des modèles pour la beauté et le charme, un répertoire de rêves sublimes dans lequel faire son choix, de la force sereine de Robert Mitchum à la naïveté de Tyrone Power, de la douceur de James Stewart à la violence de Kirk Douglas.

Les femmes offraient un éventail aussi riche : le charme dangereux de Marlene Dietrich, l'ingénuité de Mary Pickford, la sensualité de Rita Hayworth, de Lana Turner et d'Ava Gardner, la candeur de Grace Kelly, jusqu'à celles qui ont personnifié l'idéal absolu de la beauté féminine de leur époque : Gina Lolobrigida, Sophia Loren et, surtout, Brigitte Bardot et Marilyn Monroe. Toutes les femmes ont tenté d'en imiter quelques caractéristiques. Et tous les hommes en ont entrevu un éclat chez celles qu'ils aimaient : l'éclat de la déesse de la beauté.

Après 1965-1968, les modèles esthétiques, féminins ou masculins, ont cessé d'être des stars des écrans, et même, progressivement, les plus célèbres ont tout fait pour cacher ou atténuer leur caractère singulier, et se montrer au contraire comme des gens banals, des voisins de palier. Les sociologues ont expliqué ce phénomène par l'avènement de la télévision.

Tandis que le cinéma est un fait social, un rite qui se célèbre collectivement dans l'obscurité d'une grande salle, la télévision se regarde à la maison, à la cuisine ou au lit. La télévision, c'est surtout l'actualité, elle renvoie à la réalité concrète, à des choses qui sont arrivées réellement. La télévision n'est pas le rêve, comme le cinéma. Les personnages du petit écran sont des gens en chair et en os, comme nous. Nous pouvons les rencontrer le matin, en sortant de chez nous. Ils ne sont ni plus beaux ni plus laids que nous. Ils ne sont pas nos modèles, ils sont nos égaux. Cette explication a fait long feu mais elle ne m'a jamais satisfait. Si les personnages de la télévision sont proches de nous du fait de la nature du moyen de communication, pourquoi les stars ont-elles disparu également des écrans de cinéma ? Le cinéma est florissant, les nouveaux acteurs sont très nombreux mais, ce qui les caractérise, c'est qu'ils ne sont plus des modèles esthétiques et érotiques comme naguère. Madonna est une chanteuse et une actrice très prisée et très chère, mais elle n'est en aucun cas un modèle de beauté. Pas plus que ne le sont Nuti, Benigni ou Moretti. Et pas davantage les protagonistes de *Les Aventuriers de l'arche perdue* ou de *Neuf Semaines et demie*, que ce soient les hommes ou les femmes.

Pourquoi le cinéma et la télévision ont-ils cessé de fournir des modèles esthétiques ? Je risquerai la réponse suivante : jusque dans les années 1965-1970, Hollywood a spectaculairement accentué le dimorphisme sexuel. C'est-à-dire qu'il a accentué considérablement les différences entre les hommes et les femmes, offrant l'image d'hommes grands et forts, et de femmes très minces, à l'ossature menue, à la taille fine et à la poitrine généreuse. Le vêtement est encore venu renforcer ces caractères ; il suffit de penser aux robes moulantes de Marilyn Monroe, aux robes du soir, aux jupes longues, aux fourrures, ou aux chorégraphies dans lesquelles les femmes se déplacent comme des chats ou des oiseaux. L'homme au contraire est toujours vêtu de vêtements sobres, noirs ou gris, ou encore en uniforme.

Ce mythe présente, en outre, une femme qui ne travaille pas ; elle est fiancée ou mariée, à moins qu'elle ne soit une aventurière. Si l'homme n'est voué qu'au travail ou à la guerre, la femme n'est vouée qu'à la séduction et à l'amour. Ce monde disparaît avec les mouvements de jeunes, la révolution sexuelle, le féminisme et la fin de la mystique de la féminité. Les différences sociales, professionnelles et de carrière entre les hommes et les femmes se réduisent. Dans les années soixante, déjà, l'imaginaire commence à refléter ce changement de la situation sociale. Désormais, les jeunes des deux sexes sont inscrits dans les mêmes écoles et affrontent les mêmes problèmes ; ils vont même jusqu'à s'habiller de la même manière, réduisant ainsi au minimum le dimorphisme sexuel. Les stars de cinéma étaient des surhommes et des sur-femmes ; elles servaient de modèles à des individus qui tenaient à la différence sexuelle ; elles n'ont plus de raison d'être à une époque où l'on recherche l'homogénéité et l'indifférenciation sexuelle. Aujourd'hui, le cinéma et la télévision ne fournissent plus de stars car la beauté, qu'elle soit féminine ou masculine, n'est plus nettement distincte, voire opposée. C'est pourquoi il n'y a plus ni belles actrices ni beaux acteurs. Ou mieux, tous sont également beaux. Ils sont beaux comme des gens du commun, comme nous, comme notre voisin de palier. L'idéal a disparu. Reste la réalité.

33

RÉVOLUTION SIDA

Si le SIDA n'est pas vaincu par la médecine dans un délai très bref, disons deux ou trois ans, quels en seront les effets sur le système culturel, les relations entre les sexes, la famille, les sentiments et les valeurs ? Il est très difficile de donner une réponse à cette question mais elle est si importante qu'il est tout à fait justifié de faire des conjectures et d'avancer des hypothèses. Je m'efforcerai d'en proposer une ici. Il faut, avant toute chose, chercher à comprendre le type de la maladie du point de vue psychologique et social. Nous la connaissons du point de vue clinique : il s'agit d'une maladie virale à très longue incubation, avec une issue fatale. La contagion se produit par le biais des rapports sexuels et par le sang. La maladie est donc liée à l'intimité amoureuse. Même si cela n'est pas dit, elle est considérée comme une maladie vénérienne : la maladie vénérienne la plus récente depuis que l'on sait soigner la syphilis grâce aux antibiotiques, mais également, et de loin, plus dangereuse et plus foudroyante que celle-ci.

Le SIDA comporte, en outre, une signification sociale et collective. Les mouvements de jeunes des années soixante ont largement favorisé la promiscuité sexuelle avec l'essor des communautés, la musique, le rock, l'annulation des individus dans l'exaltation de la vie collective. Malgré le déclin de ces mouvements et de l'effervescence communautaire, le processus a continué sur le plan institutionnel : légalisation de l'avortement, plus grande égalité entre les sexes, essor des communautés érotiques de *gays* et de *singles*, aux États-Unis. Au début des années quatre-vingt, les scientifiques affirmaient que, dans l'avenir, la société serait formée en majorité d'hommes et de femmes seuls, libres sur le plan affectif et sexuel, et dotés de partenaires multiples. Il y aurait ensuite des communautés vivant dans la promiscuité sexuelle : homosexuelles, hétérosexuelles et bisexuelles. L'égalité grandissante entre les deux sexes finirait par entraîner la disparition des différences dans le comportement et dans la tenue vestimentaire ; jusqu'à l'indifférenciation totale. En regardant encore plus loin dans le futur, certains spécialistes prévoyaient même le triomphe de la promiscuité sexuelle généralisée.

L'arrivé du SIDA a bouleversé cette vision du monde. Les toxicomanes ont été touchés les premiers car il existait entre eux une véritable promiscuité, du fait de l'échange des seringues ; ce furent ensuite les groupes *gays* qui fonctionnaient comme des communautés érotiques ; ensuite les groupes de *singles* changeant fréquemment de partenaires et pratiquant les expériences à plusieurs. Peu à peu, tous les lieux abritant ce type d'érotisme ont été fermés : les bars spécialisés, les clubs de célibataires, mais aussi des saunas, des salles de spectacle *live*. Depuis peu, la peur a gagné des gens de toutes sortes, qui craignent d'être contaminés dans un rapport occasionnel. Mais l'impact le plus profond est survenu sur le plan symbolique. La promiscuité était un mélange, une fusion dans le tout collectif, une perte de l'individualité, de la différence. C'est ce qui se produisait dans l'orgie, mais aussi dans les concerts de musique rock. C'est le rock qui a préfiguré l'espace collectif et la promiscuité. Avec le rock, le couple a disparu pour céder la place à autant d'individus isolés qui se rencontrent et se perdent dans l'étourdissement de la musique, ou dans un groupe hurlant sous l'effet d'une véritable possession. Si ce lien symbolique est avéré, il se pourrait que nous assistions au crépuscule de la musique rock ou, du moins, à son déclin.

Le SIDA a d'abord été lié aux milieux homosexuels, puis on a compris que cette maladie s'étendait également aux hétérosexuels. Ce n'est qu'alors que la panique a gagné les populations ; la peur de la bisexualité est apparue. Les hétérosexuels n'ont rien à craindre des homosexuels (et vice versa), mais seulement de ceux qui passent d'un groupe à l'autre. Symboliquement, le bisexuel représente celui qui pousse au maximum l'ambiguïté sexuelle et avec elle le manque de différenciation.

Un des effets possibles du SIDA pourrait bien être la réapparition de la différenciation sexuelle, le désir d'être clairement identifié comme homme ou femme. Parallèlement, on pourrait voir apparaître la peur des formes indistinctes et ambiguës, et en particulier du travesti et du transsexuel.

Si l'idéal n'est plus le bisexuel ou, symboliquement, l'hermaphrodite, mais un homme véritable et une femme véritable, l'érotisme tendra à être l'apanage du couple, du couple stable, fondé sur la valeur de l'individu, sur la confiance et la transparence réciproques. Dans les prochaines années, peut-être verrons-nous revenir au premier plan des valeurs telles que l'amour monogamique, la fidélité du corps et du cœur. Peut-être sommes-nous sur le point de découvrir un érotisme qui naît de la continuité renouvelée, qualité de la personne aimée.

Dernier point : si la sexualité cesse d'être prise à la légère pour redevenir un risque et un engagement, peut-être apparaîtra-t-il alors de nouveaux modèles de beauté féminine et masculine. Aujourd'hui, l'indifférencié reste encore prédominant. Mais si le choc du SIDA se prolonge, les gens chercheront, dans le corps et le visage de l'autre, les signes de la générosité, du sérieux, de l'estime, de la force. Et ce qui sera susceptible de nous apporter sécurité et confiance sera, à nos yeux, doté de beauté.

34

ORIGINE DE L'INCONSCIENT

Dans la société d'autrefois, dans les villages ou dans les petites villes, les gens avaient des rôles définis et connus de tous. On savait qu'un tel était propriétaire d'une petite ferme, qu'un tel l'avait en location et qu'un troisième était métayer. Puis il y avait le menuisier, le forgeron, le médecin, le charretier. Les gens connaissaient la famille de chacun, savaient qui étaient le grand-père, le père, la mère, tous les parents ; ils savaient comment chacun traitait sa femme ou son mari ; ils connaissaient sa maison et, souvent, le moindre objet de sa maison. Lorsque l'on se mariait, homme ou femme, on exposait en effet dans une pièce le trousseau tout entier et les cadeaux reçus. Tout le monde allait voir le lit de la mariée. De retour du marché, les femmes montraient à leurs voisines ce qu'elles avaient acheté et à quoi cela servait. Celui qui avait fait un voyage racontait, à son retour, tout ce qu'il avait vu, dans les moindres détails. Il passait des soirées entières à en faire le récit, reproduisant les conversations qu'il avait eues, mot pour mot. Chacun était donc tenu de se souvenir, sinon les autres étaient là pour lui rappeler ce qu'il avait dit dans le passé, et réparer l'oubli.

Le mensonge était, dans ces conditions, presque impossible, car les autres pouvaient à tout moment le démasquer. Si quelqu'un ne pouvait pas tenir un engagement, il préférait dire ce qui lui était réellement arrivé, même s'il s'agissait d'une mésaventure. Mentir signifiait perdre la confiance d'autrui, perdre la face. Mais la transparence était également valable vis-à-vis de soi-même. La religion prescrivait à chacun l'examen de conscience quotidien, à accomplir le soir. Et, enfin, il y avait la confession.

L'inconscient n'existait pas dans ce type de société. Il fait son apparition avec la société moderne, avec la construction des grandes villes dans lesquelles les gens changent de travail, rencontrent des personnes différentes, sont forcés de s'adapter à des situations sociales différentes, revêtant tour à tour une série de masques. Le développement continuel de la technique, la transformation continuelle de la société les conduisent à oublier le passé. Et plus ils oublient vite, mieux ils s'adaptent à la nouveauté. Ce n'est pas le souvenir, mais l'oubli qui permet une adaptation rapide, qui donne les moyens de survivre. Seuls ceux qui savent oublier sont prêts à la nouveauté, seuls ceux qui savent oublier peuvent renaître et se présenter neufs, eux aussi, au rendez-vous. Le refoulement freudien n'est autre que cet oubli, cette nécessité de l'oubli, cette frénésie de l'oubli. Ainsi le premier noyau de l'inconscient se constitue-t-il.

Le second noyau se forme à partir du mensonge, de la déformation. Dans la société d'autrefois, le rôle et l'individu coïncidaient. Il n'était pas question de se mettre en scène ou de jouer un rôle, comme de nos jours. Pour toute nouvelle activité, dans tout nouveau milieu social, l'individu doit apprendre de nouveaux gestes, de nouvelles mimiques, un nouveau langage, de nouveaux sentiments. La jeune fille qui vient de la campagne, où elle était convaincue que la virginité était fondamentale, apprend à jouir de sa sexualité avec habileté et sans scrupules. Puis, s'il lui arrive d'être fiancée à un homme riche, elle doit réapprendre la fidélité et la pudeur, et se convaincre qu'elle a toujours été fidèle et pudique. Les changements politiques voient l'homme devenir peu à peu actif, puis révolutionnaire ; fasciste quand la période est fasciste, puis démocrate.

Chaque fois, tout commence avec la fiction, avec la mise en scène destinée aux autres. Puis la représentation continue pour soi-même, et l'on finit par se convaincre de son propre rôle. Pour que s'accomplisse cette métamorphose, le passé doit être en partie oublié, en partie reconstruit. Comme l'encyclopédie soviétique, qui est récrite à chaque changement de régime. À la fin du siècle dernier, cette évolution s'était généralisée. Elle se développait tandis que survivaient, comme par inertie, les anciennes croyances. Les gens continuaient à se sentir observés. Ils continuaient à craindre le regard inquisiteur des autres ; un regard auquel nul ne pouvait échapper ; et ils s'en défendaient, même s'il n'existait plus en réalité. C'est précisément ce syndrome social que Freud prit comme objet d'étude. Le refoulement qui engendre l'oubli, les mécanismes de défense qui produisent les déformations sont le résultat du passage, dans l'inconscient, de l'ancienne société qui observe et se souvient, à la nouvelle qui ment et qui oublie.

La société d'autrefois a aujourd'hui disparu. Elle ne survit que dans les premières années de la vie — c'est pourquoi la psychanalyse explique toute chose en recherchant les racines infantiles ; car le rapport enfance-âge adulte est le dernier souvenir du monde dont elle est née. L'homme qui vit en cette fin de siècle sait que le regard qui pourrait l'observer n'existe plus, et il n'en a plus peur. Il a appris à jouer de nombreux rôles, l'un après l'autre ou simultanément, et à oublier le passé, à le laisser derrière lui. Sa vie est ainsi devenue une succession d'amnésies, sa personnalité un répertoire de rôles de théâtre, sa mémoire une reconstruction inlassable du souvenir, à la lumière de ce qui lui est utile aujourd'hui. Il ne sait plus évoquer le passé dans ses détails authentiques. Le danger pour l'homme d'aujourd'hui, et en particulier pour l'homme d'action, pour celui qui vit intensément, est de se laisser engloutir par l'oubli, au point de perdre son identité, son histoire personnelle et même le sens de sa responsabilité.

35

ÉGOÏSME ET ALTRUISME

Dans la société, dans l'histoire, et peut-être au cœur de chacune de nos actions, coexistent deux composantes, deux caractères. L'un égoïste, utilitaire, qui calcule le meilleur avantage possible pour nous-même ; l'autre altruiste, désintéressé, qui s'émeut et veut le bien de l'autre.

Le premier est à la base de l'action économique rationnelle. L'économie comme science n'existe que parce que les êtres humains se comportent, ne serait-ce qu'en partie, comme des opérateurs qui recherchent le gain, évitent les pertes, vendent et achètent à leur gré. Pour le grand économiste et sociologue Vilfredo Pareto, seule l'économie est rationalité pure. Le reste de ce qui constitue le social naît de motivations obscures, de pulsions aveugles, de pauvres justifications.

La politique est néanmoins, elle aussi, pour une large part, en tant que recherche et maximisation du pouvoir, une manipulation délibérée des sentiments et des croyances des gens, et un calcul rationnel. Les États et les empires n'auraient jamais été édifiés s'il ne s'était trouvé, pour les bâtir, des hommes avides et assoiffés de pouvoir. L'histoire se rappelle avec admiration les chefs des armées qui ont passé toute leur vie en guerre : César, Alexandre, Charlemagne. La nécessité économique et la nécessité politique sont toujours apparues comme les deux forces puissantes qui créent la société, qui jalonnent son développement et son progrès. Ce sont ces deux forces que les sciences sociales décrivent et révèrent ; et ce sont ces deux forces que retient le « réaliste ».

Le monde social est lié également par une seconde classe de forces, beaucoup plus modestes, beaucoup plus méprisées. Les forces de la solidarité, de la compassion, de l'amour, de la générosité. Nous les voyons à l'œuvre dans des situations insignifiantes. La psychanalyse a montré que l'équilibre psychique et l'existence même des individus seraient impossibles sans le dévouement chargé d'amour des parents envers leurs enfants ; sans la présence, à l'origine de la vie psychique, d'un amour sincère et désintéressé. Par ailleurs, la relation de couple ne pourrait pas durer plus de quelques jours sans les éclairs de l'amour. Ensuite, je suis, quant à moi, convaincu — et c'est ce que j'ai tenté de montrer dans tous mes livres — que les grands mouvements politiques, éthiques et religieux s'élaborent à partir d'un petit groupe de personnes en état de grâce, animées par un sentiment extraordinaire de créativité et de solidarité. Dans un groupe « à l'état naissant », les gens ne font aucun calcul économique, ils ne tissent pas d'intrigues ou de complots. Le chef et ses partisans s'aiment et se font confiance.

Toutes les grandes institutions de l'Occident, les Églises, les sectes, les partis, sont nés de cette façon même si, par la suite, ils se sont éloignés de leur inspiration originelle. Ils s'en sont écartés mais ils ne sont jamais parvenus à la renier. Toute Église, toute secte chrétienne ne trouve sa légitimité que si elle se réclame de l'esprit évangélique originel. De la même façon, même s'ils sont devenus des machines à recueillir des voix et des dessous de table, les partis se justifient en faisant référence à leur idéal d'origine. Pour de très nombreuses personnes, ce ne sont que des « bons sentiments » destinés à tranquilliser les faibles, des subterfuges et des justifications qui masquent les véritables forces économiques et politiques. Je crois, quant à moi, que ce système de forces de solidarité est, au contraire, le lien qui tient la société soudée ; sans lui, l'utilité et la violence, abandonnées à elles-mêmes, finiraient par la détruire. Les grands manipulateurs, les grands chefs charismatiques, savent les orienter et les canaliser pour atteindre leurs buts, tout en donnant l'impression d'en être les interprètes. Comme les idéologues et les fanatiques qui s'en proclament les héritiers et les loyaux gardiens. Mais la manipulation est possible précisément parce que ces forces existent en elles-mêmes.

Une très belle légende juive dit que le monde peut continuer à exister à condition qu'il se trouve, quelque part, *trente-six justes*. C'est leur présence qui retient la colère de Dieu. C'est grâce à eux que, par des voies mystérieuses et surnaturelles, le bien circule sur la terre. Nul ne sait qui sont ces justes, et ils ignorent eux-mêmes qu'ils le sont car, s'ils venaient à le savoir, ils pourraient en tirer orgueil. Les trente-six justes sont un symbole de ces forces morales, modestes et invisibles que j'ai évoquées.

Si la société existe grâce à l'équilibre entre intérêt et don, chaque fois que l'un des deux prend le dessus, l'autre doit exercer une contre-poussée pour rétablir la balance. Après la période des mouvements, de l'égalitarisme, des rêves et de leur dégénérescence, est née la période de pragmatisme dans laquelle nous vivons, avec, au premier plan, le phare du développement économique. En politique, les idéologies ont disparu et l'on parle ouvertement d'intérêts. Les partis obtiennent un consensus en favorisant des groupes particuliers, et les marchandages sont monnaie courante. La carrière politique devient un moyen de faire fortune.

L'hypocrisie diminue car, désormais, les intérêts personnels n'ont plus à être dissimulés et peuvent être étalés au grand jour. L'éthique du succès triomphe. Qui réussit emporte l'admiration de tous ; qui échoue est objet de mépris. La richesse — forme la plus courante du pouvoir — tend à devenir un état de grâce, et la pauvreté un vice, un signe d'infamie. Situation déjà atteinte dans les États-Unis de Reagan.

Mais cet excès tend déjà à générer sa contrepartie. Les femmes et les hommes qui, aux États-Unis, sont au sommet de leur carrière sont de plus en plus nombreux à tout abandonner pour vivre dans la pauvreté et se vouer aux autres. Le plus connu de tous les chanteurs de rock, Bob Geldof, a recueilli plus de cent millions de dollars pour aider les victimes de la faim. Il vit dans la plus grande pauvreté. Tels pourraient être les premiers signes d'un renversement de la tendance.

36

L'AVENIR DU MONDE

Le développement de l'électronique sous toutes ses formes, et des ordinateurs dotés d'intelligence artificielle, est probablement le signe du début d'une mutation déjà engagée de l'espèce de l'*homo sapiens*, espèce demeurée stable depuis environ cinquante mille ans. Comme si son cerveau s'était soudain mis à grandir *hors de la boîte crânienne*. En réalité, le processus avait déjà commencé, quelques milliers d'années plus tôt, avec l'écriture et les premières bibliothèques, banques de données hors du cerveau de l'individu et accessibles à tous. Mais aujourd'hui, le processus s'est accéléré de façon stupéfiante, et il s'est même étendu au système musculaire avec la robotique. La terre se couvre rapidement d'un réseau d'intelligence artificielle avec ses capteurs, ses muscles et ses mains.

Nous en avons déjà une image réduite dans l'agriculture moderne, où des cerveaux électroniques présélectionnent les souches génétiques ayant les caractéristiques voulues ; l'évolution de chaque espèce est ensuite contrôlée par des appareils ; les plantes sont arrosées et traitées grâce à des commandes électroniques. Les manipulations génétiques ont déjà donné des types de bactéries spécialisées; et de nouvelles espèces animales, obtenues au terme de mixages du patrimoine génétique, ont même été brevetées.

Il nous faudra bientôt abandonner l'idée qu'il y a, sur la terre, place pour un cadre naturel autonome et non contaminé. Les forêts vierges et les grandes forêts ne sont actuellement viables que si elles sont déclarées « parcs naturels »; mais ceux-ci sont désormais, en réalité, des artifices. Les plantes et les animaux ne peuvent y vivre que parce qu'on les a isolés du reste du monde et qu'en outre, on les soigne attentivement et continuellement. Si on laissait agir la nature librement, ils ne tarderaient pas à succomber à des agents pathogènes nouveaux. De nombreuses espèces animales ont été sauvées de la destruction non seulement parce qu'elles ont été protégées contre les chasseurs, mais parce que l'on a construit pour elles des réserves qui n'existaient pas. Dans l'avenir, la terre sera peuplée par des espèces totalement nouvelles, créées par l'homme. L'évolution de l'espèce — ce que l'on pouvait considérer comme le phénomène le plus naturel — dépend de plus en plus de la volonté des hommes.

Il nous faudra également abandonner l'idée que l'homme puisse rester extérieur à ce processus, comme s'il en était un spectateur ou un gardien. La fécondation artificielle est aujourd'hui possible, de même que la sélection des spermatozoïdes et des ovules, et le choix du sexe du nouveau-né. D'autres options génétiques seront possibles dans un proche avenir. L'espèce humaine s'est toujours autodéterminée en fonction de choix culturels: les Athéniens se sont efforcés de produire des hommes habiles et sages; les Spartiates des guerriers; ensuite le christianisme a visé la générosité, l'humilité et la douceur. Hitler a fabriqué des automates obéissants. De nouveaux territoires s'ouvrent devant l'humanité, des territoires où régnera l'autodétermination individuelle et collective. On ne se demandera pas : « Comment serai-je ? » mais : « Comment devrai-je être ? »

Tout notre passé historique a été dominé par cette question : « Comment faire ? » Les hommes voulaient se soigner, se déplacer rapidement, voler, voir malgré la distance. Ils ont réalisé tout cela, ils ont trouvé le moyen d'y parvenir.

Le pouvoir de transformation s'est démesurément accru, de nos jours. Avec les armes thermonucléaires, les États-Unis et l'URSS pourraient effacer toute trace de vie sur la terre, faire disparaître l'espèce humaine. Jusqu'à aujourd'hui, les hommes étaient à la recherche de nouvelles armes à utiliser contre leurs ennemis, mais lorsque l'arme devient trop puissante, le problème se situe à un autre niveau : comment l'utiliser sans l'utiliser ? Comment vivre avec l'ennemi ? L'arme a alors été remplacée par la diplomatie, le geste héroïque par le geste habile, le courage guerrier par la maîtrise de soi. Les nouvelles questions se posent davantage en termes de *que faire ?* que de *comment faire ?* Devons-nous continuer à produire des bombes atomiques ? Devons-nous continuer à croître en nombre sur la terre ? Devons-nous poursuivre le développement économique ?

Plus le pouvoir du système nerveux situé hors de la boîte crânienne augmentera, plus notre responsabilité morale croîtra. Nous finirons par devenir responsables de tout ce qui survient. Nous ne pourrons plus nous réfugier derrière la nature, derrière sa puissance impersonnelle et aveugle. La terre deviendra de plus en plus la projection et l'objectivation des désirs humains, la manifestation matérielle objective de l'esprit humain. Si nous observons une maison, un appartement, nous pouvons comprendre l'état d'âme de celui — ou celle —

qui l'a installée, surtout s'il — ou elle — vit seul, car sa demeure en est alors le fidèle reflet. Douce et délicate si l'être qui l'habite est aimable ; dure, pleine d'aspérités et de dissonances si une personne anxieuse et agressive y réside. Une maison négligée, sale et remplie d'objets exprime un esprit avide mais qui ne parvient pas à mener à terme les buts qu'il s'est fixés.

Le monde est destiné à devenir, *de la même façon*, la manifestation objective de l'esprit humain. Si les forces destructrices dominent, avec le vieux goût pour la guerre, alors la terre deviendra un désert. Mais elle risque également de devenir une immense caserne dans laquelle vivront des dizaines de milliards d'habitants, pauvres, abrutis et affamés, si l'ancestral instinct de reproduction prévaut, et si l'humanité obéit à l'injonction « Croissez et multipliez ! ».

Dans le livre (dont on a tiré un film) *La Planète interdite*, un groupe d'astronautes arrive sur une planète très hautement civilisée, mais les bâtisseurs de ces « gratte-ciel » souterrains extraordinaires n'existent plus. Leur prodigieuse technologie permettait de matérialiser un objet grâce au seul effort de la pensée. Les voyageurs comprennent enfin que les habitants se sont entre-tués, car leurs instruments matérialisaient non seulement leurs désirs conscients mais aussi leurs désirs inconscients, leurs rêves et leurs fantasmes meurtriers les plus secrets. Après cette découverte les voyageurs décident de faire exploser la planète, considérée comme trop dangereuse.

Que devons-nous faire, nous qui voulons vivre sur cette terre ? Si le monde est en train de devenir la matérialisation objective de notre monde intérieur, de nos désirs, de nos fantasmes, de nos vices et de nos vertus, alors la grande œuvre qui nous attend n'est pas technologique mais sociale, psychologique et, surtout, morale.

TABLE DES MATIÈRES

I - DÉFAUTS ET QUALITÉS DU COUPLE ET DE L'AMOUR

II - MESDAMES ET MESSIEURS

III - VIOLENCE CACHÉE

IV - L'INDIVIDU ET L'ENTREPRISE

V - CAPACITÉ À OBSERVER

VI - TENDANCES

ÉGALEMENT CHEZ POCKET
LITTÉRATURE GÉNÉRALE

ABGRALL JEAN-MARIE
La mécanique des sectes

ALBERONI FRANCESCO
Le choc amoureux
L'érotisme
L'amitié
Le vol nuptial
Les envieux
La morale
Je t'aime

ANTILOGUS PIERRE
FESTJENS JEAN-LOUIS
Guide de self-control à l'usage des conducteurs
Guide de survie au bureau
Guide de survie des parents
Le guide du jeune couple
L'homme expliqué aux femmes
L'école expliquée aux parents

ARNAUD GEORGES
Le salaire de la peur

BARJAVEL RENÉ
Les chemins de Katmandou
Les dames à la licorne
Le grand secret
La nuit des temps
Une rose au paradis

BERBEROVA NINA
Histoire de la baronne Boudberg
Tchaïkovski

BERNANOS GEORGES
Journal d'un curé de campagne
Nouvelle histoire de Mouchette
Un crime

BESSON PATRICK
Le dîner de filles

BLANC HENRI-FRÉDÉRIC
Combats de fauves au crépuscule
Jeu de massacre

BOISSARD JANINE
Marie-Tempête

BORGELLA CATHERINE
Marion du Faouët, brigande et rebelle

BOTTON ALAIN DE
Petite philosophie de l'amour
Comment Proust peut changer votre vie
Le plaisir de souffrir

BOUDARD ALPHONSE
Mourir d'enfance
L'étrange Monsieur Joseph

BOULGAKOV MIKHAÏL
Le maître et Marguerite
La garde blanche

BOULLE PIERRE
La baleine des Malouines
L'épreuve des hommes blancs
La planète des singes
Le pont de la rivière Kwaï
William Conrad

BOYLE T. C.
Water Music

BRAGANCE ANNE
Anibal
Le voyageur de noces
Le chagrin des Resslingen
Rose de pierre

BRONTË CHARLOTTE
Jane Eyre

Burgess Anthony
L'orange mécanique
Le testament de l'orange
L'homme de Nazareth

Buron Nicole de
Chéri, tu m'écoutes ?

Buzzati Dino
Le désert des Tartares
Le K
Nouvelles (Bilingue)
Un amour

Carr Caleb
L'aliéniste
L'ange des ténèbres

Carrière Jean
L'épervier de Maheux
Achigan

Carrière Jean-Claude
La controverse de Valladolid
Le Mahabharata
La paix des braves
Simon le mage
Le cercle des menteurs

Cesbron Gilbert
Il est minuit, docteur Schweitzer

Chandernagor Françoise
L'allée du roi

Chang Jung
Les cygnes sauvages

Chateaureynaud G.-O.
Le congrès de fantomologie
Le château de verre
La faculté des songes

Chimo
J'ai peur
Lila dit ça

Cholodenko Marc
Le roi des fées

Clavel Bernard
Le carcajou
Les colonnes du ciel
1. La saison des loups
2. La lumière du lac
3. La femme de guerre
4. Marie Bon Pain
5. Compagnons du Nouveau Monde

La grande patience
1. La maison des autres
2. Celui qui voulait voir la mer
3. Le cœur des vivants
4. Les fruits de l'hiver

Jésus, le fils du charpentier
Malataverne
Lettre à un képi blanc
Le soleil des morts

Collet Anne
Danse avec les baleines

Comte-Sponville André, Ferry Luc
La sagesse des Modernes

Courrière Yves
Joseph Kessel

Cousteau Jacques-Yves
L'homme, la pieuvre et l'orchidée

Dautun Jeanne
Un ami d'autrefois

David-Néel Alexandra
Au pays des brigands gentilshommes
Le bouddhisme du Bouddha
Immortalité et réincarnation
L'Inde où j'ai vécu
Journal (2 tomes)
Le Lama aux cinq sagesses
Magie d'amour et magie noire
Mystiques et magiciens du Tibet
La puissance du néant
Le sortilège du mystère
Sous une nuée d'orages
Voyage d'une Parisienne à Lhassa
La lampe de sagesse
La vie surhumaine de Guésar de Ling

Decaux Alain
L'abdication
C'était le xve siècle
tome 1
tome 2
tome 3
Histoires extraordinaires
Nouvelles histoires extraordinaires
Tapis rouge

Deniau Jean-François
La Désirade
L'empire nocturne
Le secret du roi des serpents
Un héros très discret
Mémoires de 7 vies
1. Les temps nouveaux
2. Croire et oser

Faulks Sebastian
Les chemins de feu

Fernandez Dominique
Le promeneur amoureux

Fitzgerald Scott
Un diamant gros comme le Ritz

Forester Cecil Scott
Aspirant de marine
Lieutenant de marine
Seul maître à bord
Trésor de guerre
Retour à bon port
Le vaisseau de ligne
Pavillon haut
Le seigneur de la mer
Lord Hornblower
Mission aux Antilles

France Anatole
Crainquebille
L'île des pingouins

Franck Dan/Vautrin Jean
La dame de Berlin
Le temps des cerises
Les noces de Guernica
Mademoiselle Chat

Gallo Max
Napoléon
1. Le chant du départ
2. Le soleil d'Austerlitz
3. L'empereur des rois
4. L'immortel de Sainte-Hélène

La Baie des anges
1. La Baie des anges
2. Le palais des fêtes
3. La Promenade des Anglais

De Gaulle
1. L'appel du destin
2. La solitude du combattant

Genevoix Maurice
Beau François
Bestiaire enchanté
Bestiaire sans oubli
La forêt perdue
Le jardin dans l'île
La Loire, Agnès et les garçons
Le roman de Renard
Tendre bestiaire

Giroud Françoise
Alma Mahler
Jenny Marx
Cœur de tigre
Cosima la sublime

Grèce Michel de
Le dernier sultan
L'envers du soleil – Louis XIV
La femme sacrée
Le palais des larmes
La Bouboulina

Guitton Jean
Mon testament philosophique

Hermary-Vieille Catherine
Un amour fou
Lola
L'initié
L'ange noir

Hyvernaud Georges
La peau et les os

Inoué Yasushi
Le geste des Sanada

Jacq Christian
L'affaire Toutankhamon

Champollion l'Egyptien
Maître Hiram et le roi Salomon
Pour l'amour de Philae
Le Juge d'Egypte
1. La pyramide assassinée
2. La loi du désert
3. La justice du Vizir
La reine soleil
Barrage sur le Nil
Le moine et le vénérable
Sagesse égyptienne
Ramsès
1. Le fils de la lumière
2. Le temple des millions d'années
3. La bataille de Kadesh
4. La dame d'Abou Simbel
5. Sous l'acacia d'Occident
Les Egyptiennes
Le pharaon noir
Le petit Champollion illustré

Janicot Stéphanie
Les Matriochkas

Joyce James
Les gens de Dublin

Kafka Franz
Le château
Le procès

Kazantzaki Nikos
Alexis Zorba
Le Christ recrucifié
La dernière tentation du Christ
Lettre au Greco
Le pauvre d'Assise

Kennedy Douglas
L'homme qui voulait vivre sa vie

Kessel Joseph
Les amants du Tage
L'armée des ombres
Le coup de grâce
Fortune carrée
Pour l'honneur

Lainé Pascal
Elena

Lapierre Alexandra
L'absent
La lionne du boulevard
Fanny Stevenson
Artemisia

Lapierre Dominique
La cité de la joie
Plus grand que l'amour
Mille soleils

Lapierre Dominique et Collins Larry
Cette nuit la liberté
Le cinquième cavalier
O Jérusalem
... ou tu porteras mon deuil
Paris brûle-t-il ?

Lawrence D.H.
L'amant de Lady Chatterley

Léautaud Paul
Le petit ouvrage inachevé

Lê Linda
Les trois Parques

Levi Primo
Si c'est un homme

Lewis Roy
Le dernier roi socialiste
Pourquoi j'ai mangé mon père

Loti Pierre
Pêcheur d'Islande

Lucas Barbara
Infirmière aux portes de la mort

Mallet-Joris Françoise
La maison dont le chien est fou
Le rempart des Béguines

Mauriac François
Le romancier et ses personnages
Le sagouin

Mawson Robert
L'enfant Lazare

Messina Anna
La maison dans l'impasse

Michener James A.
Alaska
1. La citadelle de glace
2. La ceinture de feu
Caraïbes (2 tomes)
Hawaii (2 tomes)
Mexique
Docteur Zorn

Milovanoff Jean-Pierre
La splendeur d'Antonia
Le maître des paons

Mimouni Rachid
De la barbarie en général et de l'intégrisme en particulier
Le fleuve détourné
Une peine à vivre
Tombéza
La malédiction
Le printemps n'en sera que plus beau
Chroniques de Tanger

Miquel Pierre
Le chemin des Dames

Mitterand Frédéric
Les aigles foudroyés

Monteilhet Hubert
Néropolis

Montupet Janine
La dentellière d'Alençon
La jeune amante
Un goût de miel et de bonheur sauvage
Dans un grand vent de fleurs

Morgièvre Richard
Fausto
Andrée
Cueille le jour

Nakagami Kenji
La mer aux arbres morts
Mille ans de plaisir

Nasr Eddin Hodja
Sublimes paroles et idioties

Nin Anaïs
Henry et June (Carnets secrets)

O'Brian Patrick
Maître à bord
Capitaine de vaisseau
La « Surprise »

Pears Iain
Le cercle de la croix

Perec Georges
Les choses

Peyramaure Michel
Henri IV
1. L'enfant roi de Navarre
2. Ralliez-vous à mon panache blanc !
3. Les amours, les passions et la gloire

Purves Libby
Comment ne pas élever des enfants parfaits
Comment ne pas être une mère parfaite
Comment ne pas être une famille parfaite

Queffelec Yann
La femme sous l'horizon
Le maître des chimères
Prends garde au loup
La menace

Radiguet Raymond
Le diable au corps

Ramuz C.F.
La pensée remonte les fleuves

Revel Jean-François
Mémoires

Revel Jean-François, Ricard Matthieu
Le moine et le philosophe

Rey Françoise
La femme de papier

La rencontre
Nuits d'encre
Marcel facteur

Rice Anne
Les infortunes de la belle au bois dormant
1. L'initiation
2. La punition
3. La libération

Rifkin Jeremy
Le siècle biotech

Rouanet Marie
Nous les filles
La marche lente des glaciers

Sagan Françoise
Aimez-vous Brahms…
… et toute ma sympathie
Bonjour tristesse
La chamade
Le chien couchant
Dans un mois, dans un an
Les faux-fuyants
Le garde du cœur
La laisse
Les merveilleux nuages
Musiques de scènes
Répliques
Sarah Bernhardt
Un certain sourire
Un orage immobile
Un piano dans l'herbe
Un profil perdu
Un chagrin de passage
Les violons parfois
Le lit défait
Un peu de soleil dans l'eau froide
Des bleus à l'âme
Le miroir égaré

Salinger Jerome-David
L'attrape-cœur
Nouvelles

Sarraute Claude
Des hommes en général et des femmes en particulier

Saumont Annie
Après
Les voilà quel bonheur
Embrassons-nous

Sparks Nicholas
Une bouteille à la mer

Stocker Bram
Dracula

Tartt Donna
Le maître des illusions

Troyat Henri
Faux jour
La fosse commune
Grandeur nature
Le mort saisit le vif
Les semailles et les moissons
1. Les semailles et les moissons
2. Amélie
3. La Grive
4. Tendre et violente Elisabeth
5. La rencontre

La tête sur les épaules

Valdès Zoé
Le néant quotidien
Sang bleu *suivi de* La sous-développée

Vialatte Alexandre
Antiquité du grand chosier
Badonce et les créatures
Les bananes de Königsberg
Les champignons du détroit de Behring
Chronique des grands micmacs
Dernières nouvelles de l'homme
L'éléphant est irréfutable
L'éloge du homard et autres insectes utiles
Et c'est ainsi qu'Allah est grand
La porte de Bath Rahbim

Victor Paul-Émile
Dialogues à une voix

Villers Claude
Les grands aventuriers
Les grands voyageurs
Les stars du cinéma
Les voyageurs du rêve

Wallace Lewis
Ben-Hur

Waltari Mika
Les amants de Byzance
Jean le Pérégrin

Wickham Madeleine
Un week-end entre amis

Xenakis Françoise
« Désolée, mais ça ne se fait pas »

Achevé d'imprimer en février 2000
sur les presses de l'Imprimerie Bussière
à Saint-Amand (Cher)

POCKET - 12, avenue d'Italie - 75627 Paris Cedex 13
Tél. : 01-44-16-05-00

— N° d'imp. 449. —
Dépôt légal : mars 2000.

Imprimé en France